BERND JASPERT

FRÖMMIGKEIT UND KIRCHENGESCHICHTE

EOS VERLAG ERZABTEI ST. OTTILIEN
1986

CIP-Kurztitelaufnahme der Deutschen Bibliothek

Jaspert, Bernd:

Frömmigkeit und Kirchengeschichte / Bernd Jaspert.
1. Auflage — Sankt Ottilien: EOS Verlag, 1986.

ISBN 3-88096-008-9

1. Auflage 1986

Gesamtherstellung: EOS Druckerei · D-8917 St. Ottilien
Schrift: 10/12 Punkt Palladium

INHALT

Vorwort

Seit einigen Jahren findet die Frömmigkeit wieder Beachtung in den evangelischen Kirchen. Nicht nur in den Kreisen des modernen Pietismus, weit darüber hinaus versuchen Menschen verschiedener Altersstufen, fromm zu sein, ohne daß sie vielleicht das Wort »fromm« dafür gebrauchen. Fromme Bücher oder solche, die man dafür hält, werden mehr denn je gekauft. Verlage, die ihre Produktion auf die Sachgebiete »Religion«, »Meditation«, »Frömmigkeit« konzentrieren, erfreuen sich eines zunehmenden Interesses an ihren Büchern. Die Sehnsucht nach der Glaubensverwirklichung in der Religion, nach einem gelebten Glauben in praktischer Frömmigkeit ist heute in Deutschland stärker als je zuvor. Dem steht — vor allem im evangelischen Christentum — eine Theologie gegenüber, die weitgehend unfähig oder auch nicht willens ist, aus ihrem wissenschaftlichen Blickwinkel heraus über solche Sehnsucht nachzudenken und sich dem Thema »Frömmigkeit« zu widmen. Besonders die Kirchengeschichte als akademisches Lehrfach an unseren Hochschulen hat ihre Aufgabe auf diesem Gebiet bis heute nicht erkannt. Noch immer wird Kirchengeschichte weitgehend so gelehrt, als hätte es keine Frömmigkeit in der Geschichte der Kirche gegeben und als hätten die Menschen heute kein Verlangen nach ihr. Das

Desinteresse der kirchengeschichtlichen Forschung und Lehre an der christlichen Frömmigkeit bedeutet für die Ausbildung des Theologennachwuchses, daß die religiöse Dimension der Geschichte des Christentums in Vergessenheit gerät und damit die geschichtliche Urteilskraft der demnächst in den kirchlichen oder staatlichen Dienst gehenden Theologen und Theologinnen erheblich zusammenschrumpft, wenn nicht sogar total ausfällt.

Die Besinnung auf die Frömmigkeit ist nicht allein eine Angelegenheit der christlichen Gemeinden. Sie ist auch eine Aufgabe der Theologie als Wissenschaft. Die Kirchengeschichte als ein Zweig dieser Wissenschaft hat diese Aufgabe in besonderer Weise wahrzunehmen, da kein anderes theologisches Fach von seinem Gegenstand her so umfassend ist wie die Kirchengeschichte. Angesichts des immer wieder von beiden Seiten beklagten Auseinanderklaffens von Theologie und Frömmigkeit hat die Kirchengeschichte endlich ihren Beitrag zur Klärung der Situation zu leisten. Sie kann dies nur, wenn sie sich den Zeugnisssen der Frömmigkeit nicht aus einer wie auch immer gearteten vorgefaßten Meinung heraus verschließt und wenn sie zu einer grundsätzlichen Prüfung der Frage bereit ist, ob und wie die christliche Frömmigkeit ein Gegenstand ihrer Forschung und Lehre sei.

Dieser Prüfung dienen die folgenden Gedanken, die ich erstmals am 25. November 1985 an der Philipps-Universität Marburg / Lahn auf Einladung des dortigen Fachbereiches Evangelische Theologie unter dem Titel *Frömmigkeitsforschung als Aufgabe der Kir-*

chengeschichte — Historisch-systematische Überlegungen vortrug. Mein Beitrag beansprucht nicht, alle Fragen, die mit dem Thema gestellt sind, erschöpfend zu behandeln. Er will aber dazu anregen, die Frömmigkeit als Aufgabe der Kirchengeschichte wieder neu zu sehen und ernst zu nehmen. Daß diese Aufgabe in Zukunft nur noch eine ökumenische sein kann, wird hoffentlich zur Genüge deutlich. In dieser Beziehung gehe ich gewiß einen Schritt weiter als mein verehrter Marburger Kirchengeschichtslehrer Winfried Zeller (1911—1982), der mir wie kein anderer die Zusammengehörigkeit von Theologie und Frömmigkeit klar gemacht hat. Die folgende Besinnung versteht sich daher auch als ein kleines Zeichen der Dankbarkeit gegenüber diesem stillen, bescheidenen und frommen Gelehrten.

Kassel, 30. Januar 1986 Bernd Jaspert

1. Die Rehabilitation der Kirchengeschichte als historisch-theologische Wissenschaft

Von Karl Barth zu Gerhard Ebeling

In seiner kleinen Schrift »Die Menschlichkeit Gottes« hält der 70jährige *Karl Barth* (1886—1968) im Jahre 1956 Rückschau auf die Anfänge seiner Theologie. Insbesondere auf seine mitten im Ersten Weltkrieg erfolgte Wiederentdeckung der Göttlichkeit Gottes als Thema der Theologie blickt Barth zurück und schreibt: »Die Wendung von damals hatte ausgesprochen *kritisch-polemischen* Charakter. Sie vollzog sich in einer jähen Absetzbewegung gegenüber der *damals herrschenden,* mehr oder weniger liberalen oder auch positiven Theologie, die doch nur das Reifestadium einer seit zwei bis drei Jahrhunderten scheinbar unaufhaltsam sich durchsetzenden Entwicklung darstellte ... Die evangelische Theologie war fast auf der ganzen Linie, jedenfalls in allen ihren repräsentativen Gestalten und Richtungen *religionistisch* und damit *anthropozentrisch* und in diesem Sinn: *humanistisch* geworden. Will sagen: Es war eine äußerste und innerste Disposition und Bewegtheit des Menschen, nämlich seine Frömmigkeit — die dann wohl auch christliche Frömmigkeit sein mochte — das Phänomen und Thema geworden ... Was wußte und sagte sie noch von Gottes Göttlichkeit? An Gott denken hieß für sie, kaum verschleiert: an den Menschen, eben an den religiösen, den christlich religiösen Menschen denken — von Gott reden: in erhöhtem Ton, aber noch einmal und erst recht von diesem Menschen reden — von seinen Offenbarungen und Wundern, von seinem Glauben und seinen Werken. Keine Frage: Hier wurde der *Mensch* groß gemacht auf Kosten *Gottes* ... Hier *erschraken* einige von uns: nachdem sie mit allen anderen die verschiedenen Kelche dieser Theologie bis auf die letzten Tropfen ausgetrunken hatten. Hier meinten sie nicht mehr mitzukommen. War uns der fromme Mensch, war uns die Religion, von deren Geschichte und Gegenwart wir auf der Universität soviel Herrliches gehört und nachher selbst noch zu sagen versucht hatten, in unserer eigenen Person problematisch geworden? ... War es das Versagen gerade der Ethik der damals modernen Theologie beim Ausbruch des Ersten Weltkrieges, der uns auch an ihrer Exegese, Historik und Dogmatik irre werden ließ? Oder war es ... nun doch — und gründlicher als das alles — die Entdeckung, daß das Thema der Bibel — bestimmt nicht des Menschen Religion und religiöse Moral, bestimmt nicht seine eigene heimliche Göttlichkeit sein möchte, sondern ... die Göttlichkeit *Gottes* ..., Gottes schlechthin einzigartige Existenz, Macht und Initiative vor allem in seinem Verhältnis zum Menschen. So und nur so meinten wir die Stimme des Alten und Neuen Testamentes verstehen, von da und nur von da aus meinten wir fortan Theologen und insbesondere Prediger, *ministri Verbi Divini* sein zu können ... Nicht irgendeine weitere Verschiebung innerhalb der überkommenen Fragestellung, sondern genau diese radikale Wendung war damals zweifellos fällig. Das Schiff drohte auf Sand zu fahren; der Moment war da, das Steuer eben in diesem Winkel von 180 Graden herumzuwerfen.«[1] Also nicht die Religion und Frömmigkeit des Menschen, sondern die Gottheit Gottes und sein Verhalten zur Schöpfung, vor allem zum Menschen, war für Barth damals und blieb für ihn sein Leben lang das Thema der Theologie.

Aus dieser Erkenntnis mußte nicht nur eine neue Orientierung, sondern dementsprechend auch eine neue Konzeption der Theologie als Wissenschaft folgen. Nach mehreren Vorarbeiten präsentiert Barth diese Neukonzeption 1932 im ersten Band seiner »Kirchlichen Dogmatik«. Gleich zu Beginn von § 1/1 heißt es unter der Überschrift »Kirche, Theologie, Wissenschaft«: »Theologie ist ... eine Funktion der Kirche.« Sie hat als Wissenschaft vor allem die Aufgabe, der Kirche bei ihrer »Selbstprüfung« angesichts der »Wahrheitsfrage« das Kriterium klar vor Augen zu stellen. Das ist »das *Sein der Kirche*, d.h. aber *Jesus Christus*: Gott in seiner gnädigen offenbarenden und versöhnenden Zuwendung zum Menschen«. »Die Wahrheitsfrage, um die es in der Theologie« nach Barth »durchweg geht, ist die Frage der Übereinstimmung der der Kirche eigentümlichen Rede von Gott mit dem Sein der Kirche«. Es ist also kritisch zu fra-

[1] Karl Barth, Die Menschlichkeit Gottes (ThSt 48), Zollikon-Zürich 1956, 1—7. — Abkürzungen von Zeitschriften und Reihen im folgenden nach dem Abkürzungsverzeichnis von Siegfried Schwertner zur Theologischen Realenzyklopädie, Berlin-New York 1976.

gen: »Kommt die christliche Rede *von ihm her*? Führt sie *zu ihm hin*? Ist sie *ihm gemäß*? Keine dieser Fragen ist ohne die andere, aber jede ist mit ganzem Gewicht selbständig zu stellen. So ist Theologie als *biblische* Theologie die Frage nach der *Begründung*, als *praktische* Theologie die Frage nach dem *Ziel*, als *dogmatische* Theologie die Frage nach dem *Inhalt* der der Kirche eigentümlichen Rede.«

Die Frage nach dem *Weg* dieser Rede stellt sich für Barth nicht. Denn seiner Meinung nach antwortet »die sogenannte *Kirchengeschichte* ... auf keine selbständig zu stellende Frage hinsichtlich der Rede von Gott und ist darum nicht als selbständige theologische Disziplin aufzufassen. Sie ist *die* unentbehrliche *Hilfswissenschaft* der exegetischen, der dogmatischen und der praktischen Theologie.«[2] Diese grundsätzliche Auffassung von der Kirchengeschichte revidiert Barth nicht mehr bis an sein Lebensende. Aber er ergänzt sie und schreibt 1936, also vier Jahre nach seiner eben erwähnten Definition, die Kirchengeschichte sei ihrem Gegenstand und Inhalt nach »die allerdings positiv und negativ höchst lehrreiche Geschichte der bisherigen biblischen Auslegung«.[3]

[2] Karl Barth, Die Kirchliche Dogmatik I / 1, (München 1932) Zürich [10]1981, 1—3. Zu Barths Definition der Theologie als kirchlicher Wissenschaft vgl. kritisch Hans Graß, Theologie als kirchliche Wissenschaft?, in: ders., Theologie und Kritik. Gesammelte Aufsätze und Vorträge, Göttingen 1969, 93—109.

[3] Karl Barth, Die Grundformen des theologischen Denkens, in: ders., Theologische Fragen und Antworten. Gesammelte Vorträge, 3. Bd., Zollikon 1957, 285. Vgl. auch ders., Gotteser-

Zehn Jahre später nimmt *Gerhard Ebeling* (geb. 1912) diese Definition in seiner Tübinger Habilitationsvorlesung von 1946 über »Kirchengeschichte als Geschichte der Auslegung der Heiligen Schrift«[4] programmatisch auf und erweitert sie zugleich um einige wesentliche Aspekte. Heute, im Rückblick von vier Jahrzehnten, sei an dieser Stelle auf einen Sachverhalt hingewiesen, der für die neuere kirchliche Historiographie nicht unerheblich ist: Dem Bultmannschüler Ebeling ist es zu verdanken, daß das aufgrund der reformatorischen Erkenntnis der Kirche als creatura verbi berechtigte Anliegen Barths, die Kirchengeschichte als die Geschichte der Schriftauslegung zu verstehen, in der Phase der Neuorientierung der evangelischen Theologie nach dem Zweiten Weltkrieg nicht in Vergessenheit geriet. Dem Bultmannschüler Ebeling ist es aber auch zu verdanken, daß Barths Degradierung der Kirchengeschichte auf die Stufe einer bloßen Hilfswissen-

kenntnis und Gottesdienst nach reformatorischer Lehre, Zollikon 1938, 176: »Der Weg, die Geschichte der Kirche in der Zeit ist die Geschichte der Auslegung der heiligen Schrift.« Ähnlich die Äußerung Erich Seebergs von 1937, allerdings von ganz anderer theologischer Position aus: »Die Kirchengeschichte ist der lebendige Kommentar zum Neuen Testament, denn sie zeigt die Formen, Ideen und Gestalten der geschichtlichen Verwirklichung der Kräfte, die in der Urkirche und ihrer Verkündigung beschlossen liegen«; zitiert bei Peter Meinhold, Geschichte der kirchlichen Historiographie (OA III / 5), Bd. II, Freiburg - München 1967, 442.

4 Zuerst in: SGV 189, Tübingen 1947, jetzt nachgedruckt in: Gerhard Ebeling, Wort Gottes und Tradition. Studien zu einer Hermeneutik der Konfessionen (KiKonf 7), Göttingen ^{2}1966, 9—27 (hiernach im folgenden zitiert).

schaft der drei übrigen Disziplinen Exegese, Dogmatik und Praktische Theologie aufgehoben und die Kirchengeschichte als theologische Disziplin sui generis rehabilitiert wurde. Das gelang Ebeling, indem er, dem Vorbild seines Lehrers Bultmann folgend und an Schleiermacher anknüpfend, Theologie als Rede von Gott *und* vom Menschen[5] und konsequent als »Sprachlehre des Glaubens«[6] auffaßte. Auf diese Weise konnten Bultmanns Kategorie der Begegnung und Heideggers Begriff der Existenz mit ihrem jeweiligen kierkegaardschen Hintergrund in die kirchengeschichtliche Hermeneutik eingeführt werden. Damit wurde das Objekt der kirchengeschichtlichen Arbeit genau im Zentrum der Theologie geortet: im Ereignis der Begegnung des in Jesus Christus menschgewordenen, sich dem Menschen als der Gnädige und Versöhnende mitteilenden Gottes.

Mit dieser Ortsbestimmung erhält auch die Kirchengeschichte wie die anderen theologischen Disziplinen die theologische Hermeneutik zur Aufgabe, speziell das historisch-theologische Verstehen des Weges der Kirche durch die Zeiten und in der Zeit. Wo aber »Verstehen nicht Erinnerung, sondern Vergegenwärti-

[5] Davon zeugt Ebelings ganzes theologisches Werk. Vgl. besonders seine Dogmatik des christlichen Glaubens, Bd. I, Tübingen ^{2}1982, §§ 8—10, sowie die Studie: Zum Verständnis von R. Bultmanns Aufsatz: »Welchen Sinn hat es, von Gott zu reden?«, in: Gerhard Ebeling, Wort und Glaube II, Tübingen 1969, 343—371.

[6] Vgl. Gerhard Ebeling, Einführung in theologische Sprachlehre, Tübingen 1971, 226—228.

gung ist kraft der durch das Wort der Verkündigung sich vollziehenden Selbstvergegenwärtigung Christi zur Gleichzeitigkeit mit dem Glaubenden«[7], da ereignet sich Kirchengeschichte. Das sie begreifende Denken und Darstellen ist nun keine Hilfswissenschaft mehr, sondern es ist in vollem Sinne Theologie. Als Theologie ist das kirchengeschichtliche Denken und Darstellen nur im Kontext mit der Exegese, Dogmatik und Praktischen Theologie möglich. Darüber hinaus wird die Kirchengeschichte als Wissenschaft ihrer Sache, insofern sie eine menschliche, weltliche Sache ist, nur dann gerecht, wenn sie auch den Austausch mit den außertheologischen Disziplinen pflegt. Ihn braucht sie insbesondere mit der Geschichtswissenschaft, der Philologie, der Philosophie, der Soziologie, der Psychologie, der Kunst- und Musikgeschichte, der Religions-, Rechts-, Wirtschafts- und Politikwissenschaft. Ebeling selbst geht allerdings nicht so weit. Natürlich kann der Dialog, ja mehr noch die Zusammenarbeit der Kirchengeschichte mit den anderen Disziplinen, das Empfangen und Lernen von ihnen, nicht in jedem Falle gleicherweise intensiv sein. Abgesehen von der vom jeweiligen kirchengeschichtlichen Objekt oder Thema her gebotenen sachlichen Notwendigkeit zu einer mehr oder weniger gründlichen Orientierung bei einem anderen Fach, wird solcher Austausch immer auch von der Persönlichkeit des Kirchenhistorikers abhängen, von seinen fachli-

[7] Gerhard Ebeling, Kirchengeschichte als Geschichte der Auslegung der Heiligen Schrift (o. Anm. 4), 26.

chen Interessen und persönlichen Neigungen, von seiner Fähigkeit zum Gespräch, d.h. von seiner Offenheit für andere.

Das Charakteristikum der Kirchengeschichte als theologischer Disziplin können wir mit Ebeling in der Einmaligkeit und doch Unabgeschlossenheit ihres Objektes sehen. Ist das Ereignis Jesus Christus einmalig, so ist es doch nicht abgeschlossen. Denn durch dieses Ereignis kommen Menschen immer wieder neu und kommen immer wieder neue Menschen zum Glauben an Gott und entdecken auf diese Weise Sinn in ihrem Leben. Die Geschichte der Auslegung der Kunde von diesem einmaligen, aber im Glauben der Menschen an den Gott Jesu Christi je neu werdenden Ereignis ist Kirchengeschichte. »In der Gleichzeitigkeit mit Jesus Christus ist« nämlich der an ihn »Glaubende zugleich mit der gesamten Geschichte der Kirche gleichzeitig und steht in der communio sanctorum, die nicht nur über alle Räume, sondern auch über alle Zeiten sich erstreckt.«[8] Damit ist nach Ebeling »die Kirchengeschichte als Geschichte der Auslegung der Heiligen Schrift ... die Geschichte der Gegenwärtigkeit des unter Pontius Pilatus gekreuzigten und auferstandenen Jesus Christus«.[9] Die Kirchengeschichte ist also, paradox, aber der Sache angemessen ausgedrückt, die »‚Geschichte der Gegenwärtigkeit von etwas Vergangenem'«.[10] Von daher sind Geschichte und Eschatolo-

[8] Ebd.
[9] Ebd.
[10] Ebd.

gie nicht voneinander zu trennen, sondern die Kirche ist »als geschichtliche Größe eine eschatologische Größe. Das Wort Gottes als zugleich geschichtliches und eschatologisches Ereignis begründet allein Kontinuität und Einheit der Kirchengeschichte.«[11] Deshalb allein ist das Fach Kirchengeschichte, wie Ebeling 1975 gegen Barth und übrigens an dieser Stelle in seltener Übereinstimmung mit Wolfhart Pannenberg formuliert, »nicht nur die umfassendste theologische Disziplin, sondern durch ihre Ausrichtung auf das Ineinander von Wahrheit und Geschichte auch in besonderem Maße dazu geeignet, zu einem theologisch disziplinierten Umgang mit allen theologischen Disziplinen anzuhalten«.[12]

Barth hatte bereits 1927 in seiner »Christlichen Dogmatik im Entwurf« der Kirchengeschichte »den Charakter der theologischen Wissenschaft« für den Fall abgesprochen, daß sie »in der Haltung des bloß objektiv, bloß an der Wirklichkeit des Gegenstandes interessierten Betrachters« betrieben wird. Damals wußte er sich noch mit Rudolf Bultmann und dem gemeinsamen Lehrer Wilhelm Herrmann einig.[13] Noch war ihm wohl im Ohr, was »die liberale Theologie

[11] Ebd.

[12] Gerhard Ebeling, Studium der Theologie. Eine enzyklopädische Orientierung (UTB 446), Tübingen 1975, 82; vgl. Wolfhart Pannenberg, Wissenschaftstheorie und Theologie, Frankfurt a.M. 1973, 394.

[13] Karl Barth, Die christliche Dogmatik im Entwurf. 1. Bd.: Die Lehre vom Worte Gottes. Prolegomena zur christlichen Dogmatik (Karl Barth GA II), hg. v. Gerhard Sauter, Zürich 1982, 22.

und die jüngste theologische Bewegung«[14] einander vorzuhalten hatten. Vor allem war der Streit noch nicht vergessen, in den er 1923, bald nach dem Erscheinen seines 2. »Römerbriefes«[15], mit seinem Berliner Kirchengeschichtslehrer Adolf von Harnack über die Frage »Was ist Theologie?« geraten war. Harnacks »Fünfzehn Fragen an die Verächter der wissenschaftlichen Theologie unter den Theologen«[16] gipfelten in dem auch an Barth und vornehmlich an ihn gerichteten[17] Vorwurf, er verlasse den Weg der historisch-kritischen Wissenschaft und liefere die Theologie der subjektiven, mehr oder weniger erbaulichen Anschauung des jeweiligen Theologen aus. Damit aber sei der unkontrollierbaren Willkür Tür und Tor in die akademische Theologie geöffnet.
Harnack hatte zwar nicht geschrieben, Barth ordne die wissenschaftliche Theologie der kirchlichen Frömmigkeit unter, aber gemeint war es wohl. Das wird beispielsweise in seiner Frage 14 deutlich, in der es heißt: »Wenn die Person Jesu Christi im Mittelpunkt des Evangeliums steht, wie läßt sich die Grundlage für eine zuverlässige und gemeinschaftliche Erkenntnis dieser Person anders gewinnen als durch kritisch-geschichtliches Studium, damit man nicht einen er-

14 Vgl. den gleichnamigen Aufsatz von Rudolf Bultmann (1924), in: ders., Glauben und Verstehen I, Tübingen ^{8}1980, 1—25.

15 München 1922.

16 In: Karl Barth, Ein Briefwechsel mit Adolf von Harnack (1923), in: Theologische Fragen (o. Anm. 3), 7—9. Der ganze, seinerzeit in der »Christlichen Welt« offen geführte Briefwechsel: 7—31.

17 Vgl. von Harnack, Briefwechsel, 13.

träumten Christus für den wirklichen eintausche? Wer anders aber vermag dieses Studium zu leisten als die wissenschaftliche Theologie?«[18] Es klingt auch in den folgenden Sätzen Harnacks durch: »Sie sagen: ‚Die Aufgabe der Theologie ist eins mit den Aufgaben der Predigt'; ich erwidere: die Aufgabe der Theologie ist eins mit den Aufgaben der Wissenschaft überhaupt; die Aufgabe der Predigt aber ist die reine Darstellung der Aufgabe des Christen als Zeugen Christi. Sie verwandeln den theologischen Lehrstuhl in einen Predigtstuhl (und wollen, was ‚Theologie' heißt, an die profanen Fächer verteilen); ich sage Ihnen auf Grund des Verlaufs der gesamten Kirchengeschichte voraus, daß dieses Unternehmen nicht zum Erbauen, sondern zum Auflösen führt.«[19] Anstelle von »Kirchlichkeit«, für den liberalen Theologen identisch mit »Frömmigkeit«, setzt Harnack »Zeugenschaft« und schreibt im Nachwort zu seiner Auseinandersetzung mit Barth: »Im Leben sind zwar wissenschaftliche Theologie und Zeugenschaft oft genug vermengt; aber weder die eine noch die andere kann gesund bleiben, wenn die Forderung, sie getrennt zu halten, außer Kraft gesetzt wird. ‚Sachlich' sind beide — nicht nur die Zeugenschaft, wie es nach Professor Barths Ausführungen erscheinen kann —, aber die Art der Sachlichkeit ist hier und dort eine ganz verschiedene. Entzünden und erbauen *kann* auch eine wissenschaftlich-theologische Darlegung, dank ihrem Objekt; aber der wissenschaftliche

18 A.a.O., 9.
19 A.a.O., 14.

Theologe, der auf Entzündung und Erbauung *ausgeht*, bringt fremdes Feuer auf seinen Altar; denn wie es nur *eine* wissenschaftliche Methode gibt, so gibt es auch nur *eine* wissenschaftliche *Aufgabe* — die reine Erkenntnis ihres Objekts.« Harnack wirft Barth nichts weniger als die Auflösung des »Geschichtlichen unserer Religion« vor, ein Bibel- und Offenbarungsverständnis, das »auf einen unsichtbaren Grat führt zwischen dem absoluten religiösen Skeptizismus und dem naiven Biblizismus — die quälendste Ausdeutung des christlichen Erlebnisses und des christlichen Glaubens«. Aus Harnacks Sicht zerschneidet Barth, »wie Marcion, jedes Band zwischen dem Glauben und dem Menschlichen«. Damit aber hat er »das Vorbild Jesu gegen sich«. Letztlich führt diese Weise, das Evangelium zu verstehen, unter die »theologische Diktatur« jener »Erweckungsprediger ..., die ihr Bibelverständnis frei schaffen und ihre eigene Herrschaft aufrichten«.[20] Barths theologischer Wissenschaftsbegriff, wie er ihn in der Periode der »Theologie der Krisis« vom 1. »Römerbrief« (1919) bis hin zur »Christlichen Dogmatik im Entwurf« (1927) ausprägt und wie er ihn dann vor allem in der »Kirchlichen Dogmatik« (1932—1970) anwendet, wurde zwar öfter verkannt oder als unwissenschaftlich und unkritisch abgetan. Aber abgesehen von Bonhoeffers Vorwurf des »Offenbarungspositivismus« hat ihm wohl niemand mehr so entschieden wie Harnack das subjektive Gefühl der Frömmigkeit

[20] A.a.O., 30f.

als objektives Hindernis zu einer wirklich wissenschaftlichen Theologie vorgehalten. Und das gerade dem aller Frömmigkeit und Religion gegenüber so kritischen Barth! Ob Barths Theologie schon ihrem Ansatz nach fromme Theologie war, wie schließlich einige Neupietisten es vermuteten, bleibt im einzelnen erst noch zu beweisen.[21] Jedenfalls steht fest: Weder für Barth noch für Harnack war Frömmigkeit ein Movens wissenschaftlicher Theologie. In dieser Hinsicht hatte der Liberale Harnack den von der Predigtaufgabe Umgetriebenen und zum Dialektiker gewordenen Barth mißverstanden. Allenfalls durfte die Frömmigkeit schmückendes Beiwerk sein im Sinne einer kirchlichen Zeugenschaft des Evangeliums. Die eigentlichen Fragen und Probleme mußten sine pietate gehört und beantwortet werden: theologisch. Und das hieß für Harnack: historisch; für Barth: dogmatisch.

[21] Trotz der hilfreichen Untersuchung von Eberhard Busch, Karl Barth und die Pietisten. Die Pietismuskritik des jungen Karl Barth und ihre Erwiderung (BEvTh 82), München 1978.

2. Das Defizit der Kirchengeschichte in der Frömmigkeitsforschung

a) Die Frage nach der Frömmigkeit

Der andere Harnackschüler, *Dietrich Bonhoeffer* (1906—1945), hat wie kaum ein anderer evangelischer Theologe seiner Zeit den Mangel glaubwürdiger evangelischer Frömmigkeit aufgezeigt. Seine Analyse des Christseins in Europa, wie sie sich in später aufsehenerregenden Briefen zeigt, die Bonhoeffer gegen Ende des Zweiten Weltkrieges in der Gestapo-Haft schreibt, wurde bisher von Kirchenhistorikern für eine Theorie der Frömmigkeitsgeschichte, insbesondere der Neuzeit, nicht genutzt. Daß aber Bonhoeffers neues Frömmigkeitsverständnis für die kirchengeschichtliche Frömmigkeitsforschung eine hermeneutische und methodische Hilfe bietet, steht m.E. außer Zweifel und wird im nächsten Abschnitt (Seite 68ff.) im einzelnen dargelegt. Hier genügt es zunächst festzustellen: Bonhoeffer hat sich in der Auseinandersetzung mit der liberalen Theologie seiner Lehrer anders als Barth nicht grundsätzlich gegen die Frömmigkeit oder, wie man damals auch sagte, gegen die Religion des Menschen ausgesprochen. Ihm war Frommsein nicht gleichbedeutend mit der Sünde, die Luther im Akt der Werkgerechtigkeit des sich selbst vor Gott rechtfertigenden Menschen sah. Vielmehr hielt Bonhoeffer Frömmigkeit nicht nur für eine Möglichkeit, sondern sogar für eine Notwendigkeit des sola gratia Dei gerechtfertigten Sünders. Christsein und Frommsein sind nach Bonhoeffer nicht eo ipso Gegensätze. Frommsein ist kein Akzidens, es gehört zum Wesen des Christseins, ja Christsein heißt Frommsein.

Allerdings ist Bonhoeffer davon überzeugt, daß es in der modernen Welt anders als im Mittelalter nur noch die Möglichkeit eines religionslosen Christentums gibt, eines weltlichen Christseins. Mündiges Christsein besteht für Bonhoeffer in der Erkenntnis, daß der Christ in der heutigen Welt zu leben hat, »etsi Deus non daretur«.[22] Die Religion, das Frommsein sollen nach Bonhoeffer nicht abgeschafft werden. Sie müssen aber neue Formen finden und glaubhaftere Aussagen in einer weltlich gewordenen Welt. Denn aus dem Prozeß der Säkularisierung kann und darf sich das Christentum nicht heraushalten, wenn es den Auftrag Jesu ernst nimmt, Salz der Erde und Licht der Welt zu sein (Mt 5, 13—14). Die Frage, die Bonhoeffer mit dieser Interpretation des modernen Christseins gestellt hat, lautet: Wie kann der Christ heute weltlich fromm leben, und wie kann die Kirche heute Kirche sein? Bonhoeffer selbst antwortet: »Im Beten und im Tun des Gerechten unter den Menschen.«[23]

Bonhoeffers Frage ist jedoch keine moderne Frage. Sie ist so alt wie die Christenheit. Denn immer ging es

22 Hugo Grotius, zitiert von Dietrich Bonhoeffer, Widerstand und Ergebung. Briefe und Aufzeichnungen aus der Haft, hg. v. Eberhard Bethge, Neuausgabe, München ³1985, 393; im folgenden: WE.

23 WE, 328.

darum, in der Welt Christ und als solcher fromm zu sein. Heute ist allerdings zu fragen: Wurde die Frömmigkeit in der kirchengeschichtlichen Forschung, speziell in der evangelischen, hinreichend ernst genommen? Haben wir nicht jahrhundertelang und vor allem in der ersten Hälfte des 20. Jahrhunderts als Erben der Aufklärung und des Rationalismus die kirchliche Ideen-, Dogmen-, Theologie- und Institutionengeschichte um ein Vielfaches intensiver betrieben als die Mentalitäts- und Frömmigkeitsgeschichte? Haben wir andererseits im Gefolge der Theologie Barths und Ebelings die Geschichte der Auslegung der Heiligen Schrift nicht zu einseitig als Theologiegeschichte im Sinne des in Predigt und Lehre verkündigten Wortes, also in Verwechselung des Predigt- mit dem Lehramt (Harnacks Vorwurf gegen Barth) betrieben? Haben wir darüber die Geschichte des Glaubens, der aus der Predigt kommt (Röm 10, 17) und sich im Leben der Christen als Frommsein zeigt[24], nicht lediglich als ein

24 Der Begriff Frömmigkeit begegnet nur spärlich im Neuen Testament als *εὐσέβεια, θεοσέβεια, ὁσιότης* mit ihren Derivaten; vgl. ThWNT 3 (1938) 124—128; 5 (1954) 488—492; 7 (1964) 175—184; 10 / 2 (1979) 1109; EWNT 2 (1981) 212—214, 352, 1310—1312. Während die vier Evangelien und Paulus den Begriff kaum benutzen, findet er sich spätestens seit den Pastoralbriefen in der gesamten altchristlichen Literatur, meistens aus der Notwendigkeit der Abgrenzung gegenüber heidnischer Frömmigkeit. Danach ist der christlich Fromme der sich in seinem Denken und Handeln nach Gott richtende, als simul iustus et peccator lebende Mensch. Es ist also der aus dem rechten Glauben an Gott lebende Mensch. — Zur Begriffsgeschichte von »Frömmigkeit« vgl. Bernd Jaspert, Frömmigkeit und Geschichte, EuA 61 (1985) 197—202.

Adiaphoron behandelt, das in der kirchengeschichtlichen Arbeit zwar auch, aber eben nur als etwas Beiläufiges und Zweitrangiges zum Zuge kommen darf? Wer, durch solche Fragen wachgerüttelt, Versäumnisse zugibt, muß schließlich angesichts der vielbeklagten Kluft zwischen wissenschaftlicher Theologie und Frömmigkeit in den Gemeinden, wie sie schon seit zweihundert Jahren im deutschen Protestantismus vorhanden ist, nach dem Ursprung, dem Wesen und der Geschichte der christlichen Frömmigkeit fragen, und zwar in ihrer Beziehung zum Ursprung, zum Wesen und zur Geschichte der christlichen Theologie. Beide aber, die Theologie wie die Frömmigkeit, wird er nur aus dem Ursprung, dem Wesen und der Geschichte der Kirche oder — noch weiter gefaßt — des Christentums verstehen können. Der hermeneutische Zirkel, in den wir mit solcher Fragestellung eingetreten sind, schließt sich nun. Wer nämlich die Geschichte des Christentums verstehen will, die Geschichte der einen Kirche in den vielen Kirchen, christlichen Gruppen und Denominationen also, darf nicht nur die Geschichte der Theologie des Christentums studieren. Denn sonst bekommt er nur einen Teil des Christentums zu Gesicht: seine Lehre; und er übersieht dabei: sein Leben. Er muß also auch die Geschichte der Frömmigkeit des Christentums studieren. Wo aber Theologie und Frömmigkeit ihre Einheit verlieren und sich je für sich verselbständigen, gerät die Kirche in die Krise und wird das Christentum als Religion unglaubwürdig. Denn immer hat es, wenn es seinen Auftrag recht verstand, verkündigt, daß das Evangelium des Glaubens und das Evangelium der Tat zueinander gehören wie der Kopf zum Körper des Menschen. Theologie und Frömmigkeit sind also als die beiden gegenseitig sich anziehenden, manchmal auch sich voneinander distanzierenden Pole des einen Glaubens zu begreifen, von dem beide — Theologie wie Frömmigkeit — ihr Leben empfangen. Da der christliche Glaube seinen Ursprung, seinen Weg und sein Ziel in der Geschichte Gottes mit den Menschen hat, da er also geschichtlicher Glaube und ein Glaube mit einer Geschichte ist, ist die Erforschung von Theologie und Frömmigkeit eine Aufgabe der Historie. Genauer noch: Da Theologie und Frömmigkeit Produkte der Kirche im Laufe ihrer Geschichte sind, ist zum Verstehen von Kirche eine historische Frömmigkeitsforschung ebenso notwendig wie eine historische Theologieforschung. Beide aber sind die Aufgabe der Kirchengeschichte. Ist das für die Theologiegeschichte seit langem anerkannt, so wurde dagegen die Aufgabe einer kirchengeschichtlichen Frömmigkeitsforschung bisher von zu wenigen und zu selten in ihrer Notwendigkeit für die Theologie als Wissenschaft anerkannt und angepackt. Ein Blick auf den Stand der Frömmigkeitsforschung macht das Defizit besonders der evangelischen Kirchengeschichte auf diesem Felde offenkundig.

b) Leistung und Mangel der neueren Frömmigkeitsforschung

Als Phänomen der Geschichte des Christentums und damit der Geschichte einer der großen Religionen ist die Frömmigkeit auch außerhalb der christlichen Theologie verschiedener Konfessionen ein Gegenstand mehrerer Wissenschaften. So befassen sich z.B. die allgemeine Geschichte als Kulturgeschichte, die Soziologie, die Ethnologie, die Philologie, die Kunst-, Musik- und Medizingeschichte ebenso wie die Rechts- und Wirtschaftsgeschichte, vor allem die Religionsgeschichte und die Religionspsychologie mit der christlichen Frömmigkeit, wie sie sich in bald zweitausendjähriger Geschichte in mannigfachen Ausprägungen zeigt. In all diesen Wissenschaften wird Frömmigkeit sowohl als ein Individual- als auch als ein Sozialphänomen betrachtet. Unter diesem Aspekt behauptet der Philosoph und Psychologe *Hans Richard Gerhard Günther* in seiner »Idee einer Geschichte der Frömmigkeit« im Jahre 1948: »Die ,*Geschichte der Frömmigkeit*' gehört zur ,*Geschichte der menschlichen Seele*'. *Die eine ist so ungeschrieben wie die andere.*«[25] Hatte schon *Johann Gottfried Herder* eine solche »Geschichte der menschlichen Seele« zwar als sein Hauptwerk geplant, es aber nie zur Ausführung gebracht, so ist dieses Unternehmen bis heute ein Desiderat geblieben. Anders steht es mit der »Geschichte der Frömmigkeit«, soweit sie eingegrenzt ist auf den Bereich des Christentums. Der Erlanger Kirchenhistoriker *Hans Preuß* stellt allerdings 1917 in seinem Buch über »Luthers Frömmigkeit« noch fest: »Die Geschichte der christlichen Frömmigkeit ist noch nicht geschrieben

25 SGV 190, Tübingen 1948, 8.

worden. Ja, es fehlen, während es schon längst klassische Darstellungen der Geschichte des Dogmas, der christlichen Kunst, des Kirchenrechts gibt, für eine Geschichte der christlichen Frömmigkeit sogar noch die wichtigsten Vorarbeiten. Dies ist um so verwunderlicher als die Frömmigkeit doch die Quelle aller dieser anderen Stücke christlicher Kultur gewesen ist.«[26] Verdanken wir Preuß auch zwei grundlegende, in mancher Hinsicht inzwischen allerdings überholte Werke über »Die deutsche Frömmigkeit im Spiegel der bildenden Kunst«[27] und über »Die Geschichte der Abendmahlsfrömmigkeit in Zeugnissen und Berichten«[28], so kamen doch weder er noch Günther zur Ausführung ihrer Idee einer Geschichte der Frömmigkeit.

Inzwischen liegen mehrere Gesamtdarstellungen der christlichen Frömmigkeitsgeschichte vor, so z. B. von dem spanischen Karmeliter *José María Moliner* und dem holländischen protestantischen Theologen *C. Aalders*.[29] Beide Werke haben den Mangel gemein-

26 Leipzig 1917, 1f. Vgl. schon ders., Die Vorstellungen vom Antichrist im späteren Mittelalter, bei Luther und in der konfessionellen Polemik. Ein Beitrag zur Theologie Luthers und zur Geschichte der christlichen Frömmigkeit, Leipzig 1906.

27 Von ihren Anfängen bis zur Gegenwart, Berlin 1926.

28 Gütersloh 1949.

29 José María Moliner, Historia de la espiritualidad (Facultad Teologica del Norte de España 26), Burgos 1972; C. Aalders, Spiritualiteit. Geestelijk leven vroeger en nu (Praktisch theologische Handboekjes 31), 's-Gravenhage ²1971. Während die mehrfach vom Matthias-Grünewald-Verlag in Mainz angekündigte dreibändige Geschichte der christlichen Spiritualität von Louis Bou-

sam, nicht umfassend genug zu sein. Der Blick der Autoren ist im übrigen immer noch von einer konfessionalistischen Sicht der Frömmigkeit getrübt. So kommt es z. B. bei Moliner zur Aussparung fast der gesamten protestantischen Frömmigkeitsgeschichte, während Aalders, außer mit einem kurzen Kapitel über die Mystik, an der gesamten mittelalterlichen Frömmigkeitsgeschichte nicht interessiert ist.
Die meisten Initiativen zu einer systematischen kirchengeschichtlichen Erforschung der christlichen Frömmigkeit gingen von katholischen Theologen im französischen Sprachbereich aus. Abgesehen von den seit dem 17. Jahrhundert fast ununterbrochen erscheinenden Monographien und Aufsätzen, die sich mit der katholischen Ordensfrömmigkeit verschiedener Prägung beschäftigen, hat hier vor allem ein Werk einen nachhaltigen Einfluß ausgeübt: die nach wie vor in ihrer Quellenverarbeitung immer noch unübertroffene zwölfbändige »Histoire littéraire du sentiment religieux en France depuis la fin des guerres de religion jusqu'à nos jours« von *Henri Bremond*.[30] Der zeitwei-

yer bisher nicht erschienen ist, liegt seine Einführung in die christliche Spiritualität, Mainz 1965, vor, die allerdings mehr eine Morphologie als eine Geschichte der Frömmigkeit aus katholischer Sicht bietet. Anders als Bouyer stellt Bernhard Poschmann, Grundlagen u. Geisteshaltung der katholischen Frömmigkeit (Der kath. Gedanke. Veröffentl. d. Verbandes d. Vereine kath. Akademiker zur Pflege d. kath. Weltanschauung XV), Köln - München - Wien 1925, die katholische Frömmigkeit apologetisch im Gegenüber zur protestantischen dar.

30 Paris 1916—1933; 12. Bd. (Register) ebd. 1936 (Neudruck aller Bände: Paris 1971), dt. Auswahlausgabe, in 3 Bdn. hg. v.

se dem Jesuitenorden angehörende Abbé war seit 1923 Mitglied der Académie Française und stand durch seine Freundschaft mit Alfred Loisy und George Tyrrell dem Modernismus nahe. Ähnlich wie Herder faßt Bremond die Frömmigkeitsgeschichte als Persönlichkeitsgeschichte auf. So ist sein Hauptwerk für die Zeit des 17.—19. Jahrhunderts eine französische Regionalgeschichte der frommen Individuen, der frommen Seelen.

Anders arbeiten drei Jahrzehnte später der Oratorianer *Louis Bouyer,* die beiden Benediktiner *Jean Leclercq* und *François Vandenbroucke* sowie der Weltpriester *Louis Cognet* in ihrer dreibändigen »Histoire de la spiritualité«.[31] Neben den Einzelgestalten der Frömmigkeit wird darin auch die Spiritualität von kleineren und größeren Gruppen- und Massenbewegungen wie z. B. der »Pauperes Christi« oder der Katharer im Mittelalter berücksichtigt. Nicht allein die verschiedenen Frömmigkeitsströmungen der katholischen Kirche, auch die byzantinisch-orthodoxe Spiritualität und die Frömmigkeit im Protestantismus werden anhand der schriftlichen Quellen dargestellt. Die bildende Kunst, insbesondere die Buchmalerei, die Freskokunst, die Elfenbeinschnitzerei, die Holzschnit-

Eduard Maria Lange: Falsche und echte Mystik, Regensburg 1955; Das wesentliche Gebet, ebd. 1959; Heiligkeit und Theologie, ebd. 1962. Ein weiteres Beispiel für eine regionale Frömmigkeitsgeschichte: Stephanus Axters, Geschiedenis van de vromheid in de Nederlanden, 4 Bde., Antwerpen 1950—1956.

31 Paris 1960, 1961, 1965. Vgl. auch Pierre Pourrat, La spiritualité chrétienne, 4 Bde., Paris ²1947—1951.

zerei, die Email- und Goldschmiedekunst, die kirchliche Architektur, wird aber kaum berücksichtigt, ebensowenig wie die Ergebnisse der Musikwissenschaft oder der historischen Gebiete der Psychologie. Das Hauptaugenmerk der Autoren richtet sich immer noch, wie in den meisten vorhergehenden französischen Studien, auf die Ausprägung der kirchlichen Lehre in der gelebten und sich in schriftlichen Dokumenten niederschlagenden Frömmigkeit. Auch die Frömmigkeit des Volkes, wie sie nach dem Zweiten Weltkrieg von der sogenannten »Nouvelle histoire« als wichtiges Reservoir historisch-sozialer Überlieferung wiederentdeckt wurde, kommt bei Leclercq und seinen Freunden damals nur am Rande in den Blick. Das ändert sich erst in den siebziger Jahren bei Leclercq selbst, als er im Zusammenhang seiner Forschungen über Bernhard von Clairvaux und andere mittelalterliche Mönchsväter sowie über Frauengestalten in der Frömmigkeitsgeschichte den Wert der psycholinguistischen und psychosozialen Forschung für die Kirchengeschichte erkennt. Aber anders als etwa *Karl Bosl, Arno Borst, Jacques Le Goff* oder die am Sonderforschungsbereich »Mittelalterforschung« der Universität Münster / Westfalen arbeitenden Gelehrten hat Leclercq nach wie vor hauptsächlich die Frömmigkeit des einzelnen im Blick, während diese auch und vor allem die Frömmigkeit als ein Gemeinschaftsphänomen aus seinem soziokulturellen Umfeld heraus zu verstehen suchen.

Diese neue Sicht hat sich, abgesehen von den allgemeinen kirchengeschichtlichen oder theologischen

Nachschlagewerken, auch in den speziell für die Frömmigkeitsgeschichte wichtigen Lexika bisher noch nicht durchgesetzt. Besonders erwähnenswert sind das »Dictionnaire de spiritualité, ascétique et mystique. Doctrine et histoire«[32], der »Diccionario de espiritualidad«[33] und »A Dictionary of Christian Spirituality«.[34]

Zwar wird die christliche Frömmigkeit auch in den neueren kirchengeschichtlichen Handbüchern mitberücksichtigt, so z. B. im katholischen »Handbuch der Kirchengeschichte«[35], in dem evangelischen Werk »Die Kirche in ihrer Geschichte«[36] oder in der »Ökumenischen Kirchengeschichte«[37], aber eine befriedigende Gesamtdarstellung ihrer Geschichte fehlt immer noch.

Von den deutschen Autoren, die sich in den letzten fünfzig Jahren eingehender mit verschiedenen Bereichen der Frömmigkeitsgeschichte befaßten, sind vor allem *Johannes von Walter, Wilhelm Maurer* und *Winfried Zeller*[38] auf evangelischer und *Franz Xaver*

32 Hg. v. Maurice Viller u. a., Paris 1932ff. (noch im Erscheinen).

33 Hg. v. Ermanno Ancilli, 3 Bde., Barcelona 1983.

34 Hg. v. Gordon S. Wakefield, London 1983, ²1984.

35 Hg. v. Hubert Jedin, 7 Bde., Freiburg - Basel - Wien 1962—1979; Sonderausgabe mit erweiterten Literaturangaben ebd. 1985.

36 Begründet von Kurt Dietrich Schmidt und Ernst Wolf, hg. v. Bernd Moeller, Göttingen 1962ff. (noch im Erscheinen).

37 Hg. v. Raymund Kottje und Bernd Moeller, 3 Bde., Mainz - München I ⁴1983, II ³1983, III ³1983.

38 Johannes von Walter, Die Geschichte des Christentums, 4 Halbbde., Gütersloh 1932—1938 (³1947—1950); ders., Christentum und Frömmigkeit. Gesammelte Vorträge und Aufsätze,

Haimerl, Friedrich Wulf und *Josef Sudbrack*[39] auf katholischer Seite zu nennen. Ihre Arbeiten gehören zur Grundlage einer künftigen Darstellung der Frömmigkeitsgeschichte.

c) Methodenprobleme

Die in den letzten Jahren am Sonderforschungsbereich »Spätmittelalter und Reformation« der Tübinger Universität sowie am Ludwig-Uhland-Institut für empirische Kulturwissenschaft in Tübingen durchgeführten Projekte erhellen wichtige Details der Frömmigkeitsgeschichte des Spätmittelalters und der Reformationszeit. Hauptsächlich *Heiko A. Oberman,*

ebd. 1941; Wilhelm Maurer, Kirche und Geschichte. Gesammelte Aufsätze, Bd. II. Beiträge zu Grundsatzfragen und zur Frömmigkeitsgeschichte, hg. v. Ernst-Wilhelm Kohls und Gerhard Müller, Göttingen 1970; Winfried Zeller, Frömmigkeit in Hessen. Beiträge zur hessischen Kirchengeschichte, hg. v. Bernd Jaspert, Marburg 1970; ders., Theologie und Frömmigkeit. Gesammelte Aufsätze, 2 Bde. (MThSt 8 und 15), hg. v. Bernd Jaspert, Marburg 1971—1978.

39 Franz Xaver Haimerl, Mittelalterliche Frömmigkeit im Spiegel der Gebetbuchliteratur Süddeutschlands (MThS.H 4), München 1952; Friedrich Wulf, Geistliches Leben in der heutigen Welt. Geschichte und Wirkung der christlichen Frömmigkeit, Freiburg - Basel - Wien 1960; Josef Sudbrack, Die geistliche Theologie des Johannes von Kastl. Studien zur Frömmigkeitsgeschichte des Spätmittelalters (BGAM 27, 1/2), Münster i.W. 1966—1967; ders., Leben in geistlicher Gemeinschaft. Eine Spiritualität der evangelischen Räte für heute und morgen, Würzburg 1983. Vgl. auch Anton Rotzetter (Hg.), Seminar Spiritualität, 4 Bde., Zürich - Einsiedeln - Köln 1979—1982; Friedrich Wagner, Geistliches Leben — Spiritualität der Neuzeit, St. Ottilien [2]1983.

Ernst Walter Zeeden in Tübingen und *Bernd Moeller* in Göttingen gaben wesentliche Anstöße zur Erforschung der Kirchengeschichte Mitteleuropas vom ausgehenden 14. bis zum Ende des 16. Jahrhunderts unter dem Aspekt der Frömmigkeit.[40] Inzwischen liegen neben mehreren Texteditionen und Monographien[41] auch zwei beachtenswerte methodologische Besinnungen aus dem Tübinger Sonderforschungsbereich von *Hansgeorg Molitor* und *Berndt Hamm* vor.[42] Beide

40 Heiko A. Oberman, Der Herbst der mittelalterlichen Theologie (Spätscholastik und Reformation, Bd. 1), Tübingen 1965; ders., Werden und Wertung der Reformation. Vom Wegestreit zum Glaubenskampf (Spätscholastik und Reformation, Bd. 2), Tübingen ²1979; ders., Luther, Mensch zwischen Gott und Teufel, Berlin ²1983; Ernst Walter Zeeden, Katholische Überlieferungen in den lutherischen Kirchenordnungen des 16. Jahrhunderts (KLK 17), Münster 1959; ders., Die Entstehung der Konfessionen. Grundlagen und Formen der Konfessionsbildung im Zeitalter der Glaubenskämpfe, München - Wien 1965; Bernd Moeller, Frömmigkeit in Deutschland um 1500, ARG 56 (1965) 5—31; ders., Das religiöse Leben im deutschen Sprachgebiet am Ende des 15. Jahrhunderts, in: Comité international des Sciences Historiques Wien 29.8.—5.9.1965, Rapports 3 (Commissions), Wien o.J., 129—151; ders., Spätmittelalter (KIG 2, Lfg. H 1), Göttingen 1966; ders., Deutschland im Zeitalter der Reformation, Göttingen ²1981.

41 In den Reihen: Spätmittelalter und Frühe Neuzeit. Tübinger Beiträge zur Geschichtsforschung, hg. v. Ernst Walter Zeeden, Stuttgart 1978ff., und: Spätmittelalter und Reformation. Texte und Untersuchungen, hg. v. Heiko A. Oberman, Berlin - New York 1972ff.

42 Hansgeorg Molitor, Frömmigkeit in Spätmittelalter und früher Neuzeit als historisch-methodisches Problem, in: Festgabe für Ernst Walter Zeeden zum 60. Geburtstag am 14. Mai 1976 (RGST.S 2), Münster 1976, 1—20. Dort S. 1 der wichtige Hinweis auf »das Vorhandensein unterschiedlicher Vorstellungen

Arbeiten konzentrieren sich auf den genannten Zeitraum. Während Molitor die Bedeutung der Frömmigkeit als Gemeinschaftsphänomen, also ihre soziale Dimension für eine historische Methodologie betont, weist Hamm nach, daß die Theologie des 15. und 16. Jahrhunderts auf Frömmigkeit zielte, auch und gerade bei Luther. Methodisch seien künftig die zwischen »der Hochtheologie und der Frömmigkeitspraxis des Volkes« vermittelnden »Transformationsgestalten«[43], sozusagen die popularisierenden Theologen mit ihren Schriften wesentlich stärker zu berücksichtigen. Denn ohne ihre Breitenwirkung hätte die »Hochtheologie« nie so weit und tief im Volk wirken können. So beeindruckend die Materialfülle beider

von Frömmigkeit«, die eine eindeutige und allgemein gültige Definition von Frömmigkeit unmöglich machen. Das schließt nicht aus, daß für bestimmte Zeiträume und Gegenden aus der Sicht des Historikers, Theologen, Soziologen usw. dem Begriff Frömmigkeit klare Konturen zu geben sind. — Berndt Hamm, Frömmigkeit als Gegenstand theologiegeschichtlicher Forschung. Methodisch-historische Überlegungen am Beispiel von Spätmittelalter und Reformation, ZThK 74 (1977) 464—497. Hamm versteht aus theologiegeschichtlicher Sicht unter Frömmigkeit entweder die »Theorie von der frommen — d. h. im Sinne der jeweiligen Religion, Konfession oder Theologie rechten — Lebensgestaltung oder die fromme, rechte Lebensgestaltung selbst« (466). Entsprechend ist »Frömmigkeitstheologie« wie im 15. Jahrhundert eine »‚halbakademische', um Versöhnung von Schulwissenschaft und frommer Lebenspraxis bemühte Theologie«; so ders., Frömmigkeitstheologie am Anfang des 16. Jahrhunderts. Studien zu Johannes von Paltz und seinem Umkreis (BHTh 65), Tübingen 1982, 138.

43 Hamm, Frömmigkeit als Gegenstand theologiegeschichtlicher Forschung (o. Anm. 42), 496.

Studien ist, so wichtig ihre Quellenhinweise auch sind, für eine Gesamtdarstellung der Frömmigkeitsgeschichte reichen die methodischen Gesichtspunkte von Molitor und Hamm nicht aus.

Wie desolat der Zustand der kirchengeschichtlichen Frömmigkeitsforschung in der evangelischen Theologie in Deutschland gegenwärtig ist, kann man aus dem Artikel »Frömmigkeit« in der »Theologischen Realenzyklopädie«[44] ersehen. Seine Verfasser, der Religionshistoriker *Hans-Jürgen Greschat* und die beiden praktischen Theologen *Manfred Seitz* und *Friedrich Wintzer*, handeln zwar religionsgeschichtlich, systematisch- und praktisch-theologisch über Frömmigkeit, aber die Geschichte der Frömmigkeit kommt lediglich unter systematischen Gesichtspunkten zum Zuge. Sie wird zusammengepreßt auf einige »Höhepunkte« wie die »Apophthegmata Patrum« in der alten, die »Imitatio Christi« in der mittelalterlichen und Johann Arndts »Vier Bücher vom wahren Christentum« in der neueren Kirchengeschichte. Martin Luther wird zwar mit seiner für die evangelische Frömmigkeitsgeschichte bedeutsamen Neuordnung des mittelalterlich-monastischen Meditationsschemas lectio — meditatio — oratio — contemplatio in die Reihenfolge oratio — meditatio — tentatio erwähnt. Aber sind in dem von Seitz geschriebenen Abschnitt schon die wenigen Reminiszenzen an Luther eher dürftig als aufhellend, so sind die aus zweiter Hand zi-

[44] TRE 11 (1983) 671—688.

tierten Sätze über Spener noch kläglicher. Nicht einmal der Titel seiner Programmschrift »Pia desideria«, auch nicht ihre epochale Wirkung auf die protestantische Frömmigkeit bis hin zum Neupietismus des 20. Jahrhunderts werden einer Mitteilung für wert gehalten. Wird Tersteegen wenigstens noch namentlich genannt, so sucht man in diesem Frömmigkeitsartikel nach Namen, Werk und Bedeutung von Melanchthon, Calvin, Zwingli, Bucer, Schwenckfeld, Osiander d. Ä., Böhme, Weigel, Philipp Nicolai und vielen anderen vergeblich. Zwischen Luther und Schleiermacher und dann wieder zwischen diesem und der Neubesinnung auf die Frömmigkeit in der evangelischen Theologie und Kirche des 20. Jahrhunderts liegen Perioden, die Seitz für seine systematisch-theologische Darstellung offenbar als irrelevant ansah. Dieser Mangel an kirchengeschichtlicher Fundierung wirkt sich dann entsprechend nachteilig auf die systematische Besinnung aus. Seitz kommt in ihr nämlich zu dem merkwürdigen Ergebnis, die Formelemente evangelisch-reformatorischer Frömmigkeit seien: Gottesdienst, Taufe, Beichte, Abendmahl, Seelsorge, Lied, Lesung, Gebet und Katechismus. Als ob das alles nicht auch beispielsweise auf die katholische oder die anglikanische Frömmigkeit zuträfe! So wenig hier das protestantische Proprium an Frömmigkeit klar gekennzeichnet ist, so wenig wird auch das ökumenische Gemeingut der evangelischen Frömmigkeit deutlich. Den Grund für diesen Mangel an systematischer Klarheit sehe ich darin, daß diesem Beitrag die notwendige historische Basis fehlt. Denn das hat uns doch die neuere Theologiegeschichte gelehrt: Nur wo und insofern sich die Systematische Theologie der Historischen Theologie in ihren verschiedenen Disziplinen als Kirchen-, Dogmen-, Theologie- und Frömmigkeitsgeschichte und ihrer Ergebnisse in der Forschung versichert, nur und insofern die Systematik die Historie zur Grundlage hat, wird sie bei Fragen, die historisch-systematischen Charakters sind, zu gültigen systematischen Antworten kommen. Und die Frömmigkeit ist im Horizont der Theologie eine historisch-systematische Frage, denn sie betrifft die christliche Ethik in Geschichte und Gegenwart.

Wenn *Kurt-Victor Selge* in seiner »Einführung in das Studium der Kirchengeschichte« von 1982 der »Frömmigkeits- und Sozialgeschichte« weit über die Zeit des Pietismus hinaus einen eigenen längeren Abschnitt widmet[45], so kann dies als ein kleines Hoffnungszeichen auf bessere Zeiten gewertet werden. Insgesamt aber hat die evangelische Kirchengeschichts-

45 Darmstadt 1982, 133—166. Vgl. auch Wolfgang Bienerts kurzen Hinweis auf »Kultus und Frömmigkeit« in der Alten Kirche, in: Georg Strecker (Hg.), Theologie im 20. Jahrhundert. Stand und Aufgaben (UTB 1238), Tübingen 1983, 180—181; leider fehlt ein entsprechender Hinweis für das Mittelalter, vgl. ebd., 181—202. Zur Pietismusforschung vgl. die im Auftrag der Historischen Kommission zur Erforschung des Pietismus hgg. Reihen: Arbeiten zur Geschichte des Pietismus (1967ff.), Texte zur Geschichte des Pietismus (1972ff.), Bibliographie zur Geschichte des Pietismus (1972ff.), Pietismus und Neuzeit — Ein Jahrbuch zur Geschichte des neueren Pietismus (1974ff.); Martin Greschat (Hg.), Zur neueren Pietismusforschung (WdF 440), Darmstadt 1977; ders. (Hg.), Orthodoxie und Pietismus (Gestalten der Kirchengeschichte 7), Stuttgart 1982.

forschung in Deutschland seit dem Beginn des 20. Jahrhunderts die religiöse Dimension des Christentums, wie sie sich in der Frömmigkeit zeigt, weitgehend ignoriert. Die Ursache hierfür dürfte vermutlich die Angst vieler Kirchenhistoriker gewesen sein, sich als Christ und Wissenschaftler auf das Spannungsverhältnis von Religion und Neuzeit einzulassen. Die dazu nötige libertas humana fehlte ihnen. Dies zeigte sich insbesondere an der mangelnden Bereitschaft der meisten Kirchenhistoriker bis etwa 1960, auch die neueste Kirchengeschichte als Zeitgeschichte zu erforschen und in Vorlesungen, Seminaren und Schriften darzustellen. Die libertas humana war zerstört worden durch eine Apologetik des Christentums, die die Neuzeit nur als sein Gegenüber, nicht aber als seine eigene Zeit und seinen eigenen Raum begriff und die auf diese Weise die libertas christiana eines Luther wieder verspielte. Heute aber wird uns bewußt, daß die Frömmigkeit immer schon und erst recht in der Neuzeit der Spiegel ihrer Zeit ist. Am Ende der Neuzeit nehmen wir heute mit der »Religion in der Moderne« zugleich auch »die Moderne in der Religion«[46] als einen Gestaltungsfaktor jeder Moderne, also jeder Gegenwart in der Geschichte wahr. Unweigerlich fällt damit unser Blick auf das unter den Bedingungen des christlichen Glaubens entstandene neuzeitliche Selbstbewußtsein der Menschen inner- und außerhalb der

[46] Vgl. Trutz Rendtorff, Die Religion in der Moderne — die Moderne in der Religion. Zur religiösen Dimension der Neuzeit, ThLZ 110 (1985) 561—574.

Kirche, so wie es Schleiermacher in seiner Glaubenslehre klassisch beschrieben hat. Daß solches Selbstbewußtsein inzwischen weit über den europäischen Raum in fast allen Weltgegenden festzustellen ist und sich längst in seinen verschiedenen Formen von seiner christlichen Herkunft getrennt und selbständig gemacht hat in einem immer noch unabsehbaren Säkularisierungsprozeß, und daß es dabei zugleich auf ein menschliches Selbstbewußtsein stößt, das sich aus ganz anderen religiösen Wurzeln wie z. B. den großen asiatischen Religionen nährt und seinerseits sich von diesen emanzipiert, kann heute niemand mehr leugnen, der sich ernsthaft mit der Religion in der Moderne beschäftigt.

d) Neue Impulse

Neue Anstöße zur Frömmigkeitsforschung kamen in den letzten Jahren hierzulande aus der *Germanistik* und der *katholischen Theologie.* So hat die Germanistin *Waldtraut Ingeborg Sauer-Geppert* in ihrer bereits 1971 abgeschlossenen, aber erst kurz vor ihrem Tode 1984 im Druck erschienenen Kölner Habilitationsschrift »Sprache und Frömmigkeit im deutschen Kirchenlied. Vorüberlegungen zu einer Darstellung seiner Geschichte«[47] einen wichtigen Beitrag geliefert. Das Buch enthält nämlich nicht nur eine Fülle von bisher hinsichtlich der Frömmigkeit kaum ausgewerteten

[47] Kassel 1984.

hymnologischen Quellen. Mit seinem methodischen Ansatz bietet es auch einen neuen Zugang zum deutschen Kirchenlied vom Mittelalter bis in die Mitte des 20. Jahrhunderts. Das Neuartige ihrer Methode besteht darin, daß Sauer-Geppert »aus der Interpretation der sprachlichen Formgebung das Verhältnis der in ihr wirksamen inneren Haltung«[48] ableitet. So können »auf dem Weg über das Verständnis der Lieder und ihres Verhältnisses zur Tradition ... Einblicke in die Geschichte der Frömmigkeit gewonnen werden«.[49] Im übrigen läßt sich »zwischen Kirchenlied und Frömmigkeit ... eine Wechselwirkung feststellen, die an der Geschichte vieler einzelner Lieder veranschaulicht werden kann: die Lieder spiegeln Haltungen, Anliegen, Erfahrungen von Menschen, von denen und für die sie geschaffen wurden. Umgekehrt aber prägen — besonders im protestantischen Raum — die Gesangbuchlieder weit über ihre gottesdienstliche Funktion hinaus die Frömmigkeit des einzelnen.«[50] Diese Tatsache behält Sauer-Geppert konsequent im Auge. So ist ihr Buch auch für die kirchengeschichtliche Forschung von großem Wert, zumal hier germanistische, theologische und hymnologische Aspekte überzeugend zu einem Gesamtbild der Sprache und Frömmigkeit im deutschen Kirchenlied zusammengefügt werden.[51]

48 A.a.O., 11.

49 A.a.O., 10.

50 Ebd.

51 Vgl. auch ihren Beitrag: Innerlichkeit und »Vergeistigung« im Kirchenlied von Pietismus und Rationalismus, in: Hansjakob Becker — Reiner Kaczynski (Hg.), Liturgie und Dichtung. Ein

In demselben Jahr 1984 hat der Aachener Germanist *Dieter Breuer* die Referate zweier interdisziplinärer Kolloquien von Germanisten, Historikern und Theologen in einem Sammelband mit dem Titel »Frömmigkeit der frühen Neuzeit. Studien zur religiösen Literatur des 17. Jahrhunderts«[52] vorgelegt. Thema der 1980 in Aachen und 1981 in Nijmegen gehaltenen Vorträge war die Frage nach der Entwicklung individueller Frömmigkeitsformen und ihrer Bedeutung für die Geschichte des neuzeitlichen Individuums. In seiner »Vorbemerkung« zu dem Band meint Breuer: »Die Geschichte der Frömmigkeit in der frühen Neuzeit zu schreiben, übersteigt die Möglichkeiten einer einzelnen Disziplin, und auch eine interdisziplinär arbeitende Forschergruppe wird sich auf einzelne Aspekte beschränken müssen. Gleichwohl werden neue Anstöße vom besonderen Frageinteresse der Einzeldisziplin ausgehen.«[53]

Ein gutes Beispiel hierfür ist die Leichenpredigtenforschung, wie sie vor einigen Jahren von dem Marburger Sozial- und Wirtschaftshistoriker *Rudolf Lenz* initiiert wurde. Sie wurde von der Stiftung Volkswagenwerk finanziell gefördert und fand inzwischen durch

interdisziplinäres Kompendium, Bd. I: Historische Präsentation (Pietas liturgica. Interdisziplinäre Beiträge zur Liturgiewissenschaft 1), St. Ottilien 1983, 775—810; Ingeborg Röbbelen, Theologie und Frömmigkeit im deutschen evangelisch-lutherischen Gesangbuch des 17. und frühen 18. Jahrhunderts (FKDG 6), Göttingen 1957.

52 In der Reihe: Chloe. Beihefte zum Daphnis 2, Amsterdam 1984.

53 A. a. O., 1.

Symposien und Publikationen[54] internationale Beachtung. Eine der Anregungen zu diesem Unternehmen gab die Marburger kirchengeschichtliche Dissertation des Zellerschülers *Rudolf Mohr* über die »Protestantische Theologie und Frömmigkeit im Angesicht des Todes während des Barockzeitalters, hauptsächlich auf Grund hessischer Leichenpredigten«.[55] Im Rahmen der Akademie der Wissenschaften und der Literatur zu Mainz wird die Leichenpredigtenforschung in Marburg mittlerweile in der von Lenz geleiteten »Forschungsstelle für Personalschriften« weitergeführt.

Sich von einem während des Dritten Reiches von den Nationalsozialisten pervertierten Volksreligionsbegriff befreiend, entdeckt die *katholische Theologie* durch die katholische Basiskirchenbewegung in den sechziger Jahren zuerst in Lateinamerika und auf den Philippinen, in den siebziger Jahren dann auch in Europa die Volksfrömmigkeit neu. Vor allem die Frömmigkeit der Armen kommt wieder in den Blick, wie schon lange nicht mehr. Eine breite Schicht im Kirchenvolk, so erkennt man im religiösen Neuaufbruch nach dem Zweiten Vatikanischen Konzil (1962—1965), verlangt nach »Vermittlung des Glaubens durch vertraute Formen, gemeinsame Riten,

54 Vgl. Rudolf Lenz (Hg.), Leichenpredigten als Quelle historischer Wissenschaften, bisher 3 Bde., Bd. 1 Köln - Wien 1975; Bd. 2—3 Marburg 1979—1984; ders. (Hg.), Marburger Personalschriften-Forschungen, bisher 5 Bde., Marburg 1978—1982.

55 Marburg 1964; vgl. auch Rudolf Mohr, Der unverhoffte Tod. Theologie- und kulturgeschichtliche Untersuchungen zu außergewöhnlichen Todesfällen in Leichenpredigten (Marburger Personalschriften-Forschungen 5), Marburg 1982.

Vollzüge und Begehungen; gestaltgewordene Frömmigkeit ist ihr ein Lebensbedürfnis«.[56] Wohlbemerkt, hier ist von der schweigenden Mehrheit der Christen die Rede, nicht von denen, die sich in Sprache und Schrift so gut auszudrücken wissen, daß sie sich getrauen, »Zeugnisse der Frömmigkeit« aufzuschreiben.

Die Neuentdeckung der Volksfrömmigkeit geht einher mit der neuen historisch-soziologischen und volkskundlichen Erforschung der Mentalitäten und des Alltags der Menschen[57], und sie führt zu einer Theologie

56 So Jakob Baumgartner in dem von ihm hg. Band: Wiederentdeckung der Volksreligiosität, Regensburg 1979, 8. Vgl. auch Karl Rahner, Volksreligion — Religion des Volkes (UB 643), Stuttgart 1979; Guy-M. Oury (Hg.), La spiritualité populaire (Prières de tous les temps 25), Chambray 1981. Auch die religiöse Volkskunde ist hier zu berücksichtigen, vgl. z. B. Klaus Beitl, Volksglaube. Zeugnisse religiöser Volkskunst (dtv 2871), München 1981, mit Hinweisen auf ältere Literatur: 153f.

57 Vgl. Raoul Manselli, La religion populaire au Moyen Age. Problèmes de méthode et d'histoire, Montréal 1975; Hubert Ch. Ehalt (Hg.), Geschichte von unten. Fragestellungen, Methoden und Projekte einer Geschichte des Alltags (Kulturstudien 1), Wien - Köln - Graz 1984; außerdem Otto Borst, Alltagsleben im Mittelalter, Frankfurt a. M. 1983; Jacques Le Goff, Für ein anderes Mittelalter. Zeit, Arbeit und Kultur im Europa des 5.—15. Jahrhunderts, Frankfurt a. M. 1984; Harry Kühnel (Hg.), Alltag im Spätmittelalter, Graz - Wien - Köln 1984; Richard van Dülmen — Norbert Schindler (Hg.), Volkskultur. Zur Wiederentdeckung des vergessenen Alltags (16.—20. Jahrhundert), Frankfurt a. M. 1984; Fernand Braudel, Sozialgeschichte des 15.—18. Jahrhunderts. Der Alltag, München 1985; Cord Meckseper — Elisabeth Schraut (Hg.), Mentalität und Alltag im Spätmittelalter (KVR 1511), Göttingen 1985; Hagen Schulze, Mentalitätsgeschichte. Chancen und Grenzen eines Paradigmas der französischen Geschichtswissenschaft, GWU 36 (1985) 247—270, mit weiterer Literatur.

der Armen, zu einer charismatischen Theologie der Befreiung, insbesondere in Lateinamerika, die in den großen Armen- und Befreiungsbewegungen des Hochmittelalters in Mittelitalien und Südfrankreich ihre geschichtlichen Parallelen hat. Wie Franziskus von Assisi und mehr noch Joachim von Fiore im 12./13. Jahrhundert versteht diese im wesentlichen von Franziskanertheologen formulierte neue Theologie der Befreiung die Kirche als eine ecclesia spiritualis der Laien.[58] Diese Theologie und die hinter ihr stehenden religiösen Volksbewegungen prägen im wesentlichen die katholische und protestantische Frömmigkeitsgeschichte der Gegenwart in der sogenannten Dritten Welt.

Die Beschäftigung der katholischen Kirchengeschichtler mit der Volksfrömmigkeit bedeutet aber nicht, daß nun die »Großen Gestalten christlicher Spiritualität«[59] kein Interesse mehr fänden. Im Gegenteil: Seit einem Jahrzehnt wird ihnen neue Aufmerksamkeit geschenkt. In einem bisher kaum vorstellbaren Maße finden einzelne Gestalten christlicher Frömmigkeit weit über den Rahmen der katholischer Frömmig-

58 Vgl. Ernst Benz, Ecclesia spiritualis. Kirchenidee und Geschichtstheologie der franziskanischen Reformation, Stuttgart 1934, Nachdruck Darmstadt 1964; Herbert Grundmann, Religiöse Bewegungen im Mittelalter. Untersuchungen über die geschichtlichen Zusammenhänge zwischen der Ketzerei, den Bettelorden und der religiösen Frauenbewegung im 12. und 13. Jahrhundert und über die geschichtlichen Grundlagen der deutschen Mystik. Anhang: Neue Beiträge zur Geschichte der religiösen Bewegungen im Mittelalter, Darmstadt [4]1977.

59 Vgl. Josef Sudbrack — James Walsh (Hg.), Große Gestalten christlicher Spiritualität, Würzburg 1969.

keitsforschung hinaus Beachtung. Dies geschieht in einem bisher ungewohnten Zusammenhang, nämlich im Kontext mit den großen spirituellen Gestalten anderer Religionen. So bietet eine in Ramsey / New Jersey (USA) erscheinende, auf 60 Bände geplante Reihe, »The Classics of Western Spirituality. A Library of the Great Spiritual Masters«, Texte von bekannten Frauen und Männern aus der katholischen, evangelischen, orthodoxen, jüdischen, islamischen Tradition und aus verschiedenen Zweigen der indischen Frömmigkeitsgeschichte. Die Hinwendung zur Volksfrömmigkeit war fällig. Sie ist als eine notwendige Ergänzung zur bisherigen katholischen Frömmigkeitsforschung anzusehen, die ähnlich wie die evangelische Kirchengeschichte über der Konzentration auf die großen Einzelnen die vielen Kleinen christlicher Frömmigkeit fast vergessen hatte. Jedenfalls kann die evangelische Forschung auch an dieser Stelle von der katholischen neue Impulse empfangen und lernen, die Frömmigkeit umfassender zu verstehen als bisher.

e) Frömmigkeit als »neue Sachlichkeit«?

Ob allerdings die protestantische Frömmigkeit am Ende des 20. Jahrhunderts zureichend unter dem Leitwort vom »sachlichen Menschen« erfaßt werden kann, wie der evangelische Sozialethiker *Dietrich von Oppen* meint[60], erscheint mir angesichts der neuen,

[60] So Dietrich von Oppen, Der sachliche Mensch. Frömmigkeit am Ende des 20. Jahrhunderts, Stuttgart ^{2}1969; vgl. auch die von

gefühlsbetonten Innerlichkeitssuche und der vielfältigen Mystik- und Meditationspraktiken in evangelischen Gemeinden hierzulande als fraglich. Die »neue Sachlichkeit«, Mitte der zwanziger Jahre als Gegenbewegung gegen den Expressionismus in Kunst und Literatur entstanden, hatte zwar auch in der evangelischen Theologie ihre Spuren hinterlassen. Aber sie zum Programm evangelischer Frömmigkeit zu erklären, heißt doch, Feuer und Wasser miteinander zu vereinen. Nicht als ob evangelische Frömmigkeit nicht sachlich sei! Nur nimmt sie den Maßstab für ihre Sachlichkeit nicht aus der Objektivität einer technisch-rationalen Apparatewelt, sondern aus der Nächstenliebe des Evangeliums Jesu Christi, unter dessen Anspruch jede *Sach*lichkeit zur *Mensch*lichkeit verwandelt wird, wenn es denn als das Evangelium der Gottes- und Nächstenliebe gehört und in der Nachfolge Christi angenommen wird. Nachfolge Christi ist aber nichts anderes als der gelebte Glaube, praxis pietatis. Wie Jesus nicht »sachlich«, keine Sache, sondern menschlich, ein Mensch war (vgl. Joh 1,14.17—18), so ist auch die unter seinem Namen gelebte christliche Frömmigkeit keine sachliche, sondern eine menschliche und nur so auch evangelische Föm-

Oppen zum 60. Geburtstag gewidmete, von Eberhard Amelung, Manfred Arndt, Christian Gremmels, Friedrich Martiny, Alfred Schultz hg. Festschrift: Strukturwandel der Frömmigkeit. Situationen der Kirche. Eine Bestandsaufnahme, Stuttgart 1972. Dieses Buch ist der Beweis für die historisch-theologische Konturlosigkeit eines solchen Frömmigkeitsbegriffes. Vgl. jetzt auch Dietrich von Oppen, Marburger Aufzeichnungen. Zur Krise der modernen Welt, Stuttgart 1983.

migkeit. Nicht der »sachliche«, sondern der »menschliche Mensch« ist das Ziel des Evangeliums.

f) Notwendige Neubesinnung

Blickt man auf die Geschichte der evangelischen Theologie und Kirche in beiden Teilen Deutschlands seit 1945 im Kontext der Ökumene, so ist klar: *Wir stehen heute vor einer grundlegenden Neubesinnung auf die Frömmigkeit.* Das hat auch der Rat der Evangelischen Kirche in Deutschland erkannt. Die von ihm eingesetzte Arbeitsgruppe »Spiritualität« unter Vorsitz von *Manfred Seitz* gab daher in ihrer 1979 erschienenen Schrift »Evangelische Spiritualität«[61] Anstöße zur Neuorientierung. Eine kirchengeschichtliche Besinnung auf die Frömmigkeit wird in diesem Dokument aber nicht unternommen, sieht man einmal ab von je einem kurzen Hinweis auf die »Theologia ascetica« im 17. und 18. Jahrhundert und auf die benediktinische und ignatianische Spiritualität. Die eindimensionale Orientierung an der in der Gegenwart und Zukunft zu praktizierenden Frömmigkeit, wie sie sich

[61] Gütersloh 1979. Mit Recht wird auf ein zweifaches protestantisches Defizit unserer Tage hingewiesen: 1. »die deutliche Zurückhaltung gegenüber einer Theologie des Heiligen Geistes« (30) und 2. das Fehlen eines »systematischen Nachdenkens über Frömmigkeit und geistliches Leben« (32). Vgl. in Ergänzung dazu Manfred Seitz, Leben aus Gottes Geist, Gütersloh 1979, sowie die Beiträge zur Spiritualität in seinen Aufsatzbänden: Praxis des Glaubens. Gottesdienst, Seelsorge und Spiritualität, Göttingen ^{2}1979; Erneuerung der Gemeinde. Gemeindeaufbau und Spiritualität, Göttingen 1985.

hier zeigt, muß unweigerlich zum Verlust des Bewußtseins der geschichtlichen Kontinuität und Kontextualität evangelischer Frömmigkeit führen. Wo die praxis pietatis vergangener, verborgen oder offen durchaus weiterwirkender Zeiten so sehr aus dem Blick gerät wie hier und wo gegenwärtige und zukünftige Frömmigkeit alleine an der Forderung des Evangeliums und der augenblicklichen Situation der Menschheit ihren Maßstab findet, wo also die historische Vermittlung des Evangeliums durch die Zeiten nicht mehr beachtet wird, besteht die Gefahr des Spiritualismus. Ihm ist gerade heute nur und entschieden zu begegnen in der Besinnung auf die Geschichte der Kirche, auf die Geschichte des Evangeliums durch die Zeiten bis zur Gegenwart. Nicht der Sprung über die Geschichte, sondern der Gang durch die Geschichte zurück zum Evangelium gibt der aktuellen Konzentration auf den Weg, die Wahrheit und das Leben (Joh 14, 6) das notwendige Fundament.

Wir müssen heute ohne alle Umschweife zugeben: In der evangelischen Theologie wurde die Bedeutung der Frömmigkeit für die Geschichte der Theologie und Kirche, für die Geschichte des Christentums überhaupt, aufgrund der Vorherrschaft der »Theologie des Wortes« in der ersten Hälfte unseres Jahrhunderts zu gering geachtet und zu negativ beurteilt. Wenn *Hans Preuß* 1926 schrieb, »wir wissen jetzt endlich, daß die Geschichte der Seele die eigentliche Geschichte der Kirche ist, und wir Neueren suchen darum die Seele in ihrer Gestalt und in ihrem Wandel zu belauschen oder, um recht greifbar zu reden: wir wollen die Geschichte der Frömmigkeit erforschen«[62], so konnte eine solche Äußerung nicht nur als zu pathetisch abgetan werden, sie paßte auch wenig in die damalige theologische Großwetterlage. Auch die Bemühungen *Friedrich Heilers,* mit seiner Sammlung »Aus der Welt christlicher Frömmigkeit«[63] der seit Herder und Schleiermacher der historisch arbeitenden Theologie klar gestellten Aufgabe einer Erforschung der Frömmigkeit zu genügen, führten nicht zu einer wirklichen Neuorientierung der Kirchengeschichte an den deutschen Universitäten. Im Vorwort zu seiner Sammlung schrieb Heiler 1921: »Religion ist innerliches Frömmigkeitsleben, Leben in und mit Gott, persönliche Gottesgemeinschaft, lebendiger Gottesumgang. Alle sichtbaren Gestaltungen der Religion: kanonische Schriften, kirchliche Institutionen und Lebensgesetze, heilige Riten und Liturgien, theologische Lehrgebäude und feierlich sanktionierte Dogmen sind nur Ausstrahlungen, Objektivationen jenes unmittelbaren Frömmigkeitslebens ... Die hohe Aufgabe der Theologie und Religionswissenschaft ist es« infolgedessen, »dieses Innenleben aufzudecken, zu schildern, darzustellen und weiterhin zu untersuchen, wie aus ihm die objektiven, festen Religions- und Kirchenformen hervorgehen und wieder in dasselbe münden. Sowohl die historische wie die systematische Theologie muß in dem Studium des quellenden Frömmigkeitslebens ihren Ausgangspunkt nehmen und zu ihm als Endpunkt

[62] Hans Preuß, Die deutsche Frömmigkeit im Spiegel der bildenden Kunst (o. Anm. 27), 1.
[63] 16 Bde., München 1921—1940.

wieder zurückkommen. Die bisherige Theologie hat diesen entscheidenden Gesichtspunkt allzusehr vernachlässigt: orthodoxer Dogmatismus einerseits, liberaler Rationalismus andererseits sind die unheilvollen Folgen dieses Mangels der zentripetalen Tendenz auf das unmittelbar Religiöse. In den letzten Jahrzehnten ist darum die Notwendigkeit einer theologischen Umorientierung immer klarer geworden; man hat mehr und mehr eingesehen, daß die Erforschung der christlichen *Frömmigkeit* ins Zentrum aller Theologie treten muß, daß sie allein die Voraussetzung für die Kirchen- und Dogmengeschichte wie die Grundlage für die Religionsphilosophie und systematische Theologie bilden kann. Sie allein vermag eine Belebung der gesamten theologischen Wissenschaft herbeizuführen, sie allein ist imstande über die theologischen Grenzen hinaus in der Laienwelt Sinn und Interesse an den tiefsten Erkenntnissen theologischer Forschung zu wecken und dadurch unser religiöses Leben aus den unermeßlichen Schatzkammern der christlichen Vergangenheit zu bereichern.« Dabei geht es zum einen um »die unmittelbare Erfassung des religiösen Innenlebens«, zum andern aber auch um »die Aufdeckung der religiösen Wurzeln von Dogma, Kult und Theologie«. Heilers Sammlung sollte der Erfassung des »frommen Lebens aller christlichen Konfessionen« dienen, und zwar dem »der religiösen Genien und der breiten Massen, der umfassenden Kirchen wie der engen Sekten und Gemeinschaftskreise«.[64] Ein ökume-

[64] Friedrich Heiler, Katholischer und evangelischer Gottesdienst (Aus der Welt christl. Frömmigkeit 1), München 1921, 3f.

nisches Programm, das immerhin in 16 Bänden von 1921—1940 beachtliche Beiträge hervorbrachte und doch von der zeitgenössischen Theologie weitgehend als die Idee eines Außenseiters bzw. eines zwischen den Fronten evangelischer und katholischer Theologie Stehenden übergangen wurde.[65]

In aller Anerkennung der notwendigen Kritik, die die dialektische Theologie der zwanziger und dreißiger Jahre an einem der reformatorischen Theologie fremden Religionsbegriff übte, müssen wir heute auch die Grenzen der dialektischen Theologie erkennen und sagen: Sie hat die Religion und Frömmigkeit des Christentums eindeutig zu negativ beurteilt. Sie hat nur die theologische Negation, nicht aber die theologische Position der Frömmigkeit erkannt. Damit hängt das aufs Ganze gesehen gewaltige Defizit der evangelischen Frömmigkeitsforschung in Deutschland in der ersten Hälfte des 20. Jahrhunderts zusammen. Dieses Defizit muß und kann heute aus der Einsicht in die theologische Begrenzung und in die Unfähigkeit der dialektischen Theologie heraus, die praxis pietatis als

[65] Vgl. dazu Barths bezeichnendes Urteil über Heiler als einen unmöglichen Theologen in einem Brief vom 21.2.1924 an Thurneysen: Karl Barth — Eduard Thurneysen, Briefwechsel, Bd. 2: 1921—1930 (Karl Barth GA V), bearbeitet und hg. v. Eduard Thurneysen, Zürich 1974, 229. Zu Heilers Bedeutung für die Frömmigkeitsforschung vgl. Kurt Goldammer, Ein Leben für die Erforschung der Religion. Friedrich Heiler und sein Beitrag zur Aufgabenstellung und Methodik der Religionswissenschaft, in: Anne Marie Heiler (Hg.), Inter Confessiones. Beiträge zur Förderung des interkonfessionellen und interreligiösen Gesprächs (MThSt 10), Marburg 1972, 1—16.

den gelebten Glauben zu verstehen, überwunden werden. Die theologische Prägnanz und sachliche Weite der Kirchengeschichte, die in der Auseinandersetzung mit Karl Barth und seinen Freunden auf der einen und mit dem Historismus auf der anderen Seite nach dem Zweiten Weltkrieg durch Männer wie Gerhard Ebeling, Hanns Rückert, Hans Freiherr von Campenhausen, Heinrich Bornkamm, Wilhelm Maurer, Winfried Zeller, Ernst Benz, Martin Schmidt und Bernd Moeller neu gewonnen wurden, wären verspielt, wenn nun auch weiterhin neben dem gedachten und gelehrten Christentum (Theologie) der ganze Bereich des gelebten und erfahrenen Christentums (Frömmigkeit) in der theologischen Disziplin Kirchengeschichte nicht erforscht und dargestellt würde. Wir brauchen heute — anders als Barth — keine Angst mehr vor der Romantik zu haben und den Rationalismus und Idealismus nicht mehr zu fürchten. Die religiösen und kulturellen Zusammenbrüche im modernen Europa, die spirituelle Krise der bis vor kurzem noch saturierten Volkskirche in der Bundesrepublik Deutschland und der gleichzeitige Frömmigkeitsaufbruch in den armen Kirchen verschiedener Konfessionen in Lateinamerika, Zentralafrika und Asien haben uns nämlich in kürzester Zeit im Blick auf das Phänomen Frömmigkeit dreierlei gelehrt: *Nüchternheit, Bescheidenheit* und *Ehrfurcht*. Nur nüchtern, bescheiden und ehrfürchtig können die Tiefe und die Höhe, die Würde und die Weite jeder echten Frömmigkeit entdeckt werden. Denn echte Frömmigkeit ist immer nüchterne, bescheidene, ehrfürchtige Frömmigkeit, auch und gerade dort, wo sie auf den ersten Blick als eine wildbewegte, charismatische Spiritualität erscheint. Vor der Frömmigkeit eines einzelnen, einer Gruppe, einer Kirche müssen wir, um sie zu verstehen, auf die Knie; nicht um die Frömmigkeit anzubeten, wohl aber um Gott in ihr und durch sie zu entdecken und ihm die Ehre zu geben, ihm allein, der den Menschen in der religio zu sich fromm sein läßt, mehr noch: ihn fromm macht. Denn nicht der Mensch macht sich fromm, ist aus sich selbst heraus fromm, sondern Gott »frommt« und heiligt ihn. Wir müssen also auf die Knie, um nicht von oben herab über die frommen Menschen zu urteilen, als sei ihre ganze Frömmigkeit nichts anderes als Sünde! Welch ein Hochmut war doch in jenen dialektischen Theologen, die so dachten! Bezüglich der Frage, ob sie dem Evangelium entspricht, ob sie »Christum treibet« (Luther), oder ob sie anderen Herren dient (Barmer Theologische Erklärung)[66], bleibt die Frömmigkeit für den aufgeklärt-kritischen Menschen, also auch für den Kirchenhistoriker in aller Regel, gerade darin anstößig, daß sie sich dem kritischen Verstehen nur erschließt, wenn es zugleich auch betendes Begreifen ist. Und umgekehrt bleibt die Frömmigkeit für den glaubend-frommen Menschen gerade darin anstößig, daß sie sich dem betenden Begreifen nur erschließt, wenn es zugleich auch zu einem kritischen Verstehen führt. Das kann angesichts der Geschichte der christlichen Frömmigkeit angemessener-

[66] Vgl. Martin Luther, WA, DB VII, 384; Barmer Theologische Erklärung (1934), These 2.

weise nur ein kirchengeschichtliches Verstehen sein. Die notwendige Aufgabe einer kirchengeschichtlichen Frömmigkeitsforschung ist damit erwiesen. Die Frage ist nun: Wie kann diese Aufgabe heute begriffen und durchgeführt werden?
Um hier wenigstens in Umrissen zu einer klaren Vorstellung zu gelangen, ist zunächst eine theologische Standortbestimmung und Wegeklärung sub specie pietatis notwendig. Da Frömmigkeit ein interkonfessionelles Phänomen ist, muß logischerweise auch der theologische Standort, von dem aus Frömmigkeitsforschung betrieben wird, auf der Landkarte der Ökumene zu finden sein. Ich wähle daher in der folgenden historisch-systematischen Besinnung auf Standort und Weg als Helfer partes pro toto mehrere evangelische und einen katholischen Theologen. Ihrem Fach nach sind sie durchweg Systematiker, die beiden Hauptzeugen aus unserem Jahrhundert: Dietrich Bonhoeffer und Karl Rahner.

3. Historisch-systematische Standortbestimmung und Wegeklärung

a) Von Friedrich Schleiermacher zu Dietrich Bonhoeffer

Durch *Friedrich Daniel Ernst Schleiermacher* (1768—1834) wurde Frömmigkeit zu einem Schlüsselbegriff der evangelischen Dogmatik. Er selbst verwendet ihn, anders als Wolfgang Trillhaas meint, schon in seinen Reden »Über die Religion« (1799) und dann vor allem in der »Kurzen Darstellung des theologischen Studiums« (1811) sowie in seiner Glaubenslehre (1821—1822).[67] Erwin H.U. Quapp hat nachgewiesen, daß Schleiermacher seinen Begriff von Religion und Frömmigkeit, was bei ihm meistens identisch ist, unter dem Einfluß des herrnhutischen Pietismus im Pädagogium zu Niesky (1783—1785) empfing und ausbildete.[68] So sind für Schleiermacher »alle Gefühle, bei denen das Universum der eine und das Ich der andere Punkt ist, zwischen denen das Gemüt schwebt, ... Religion. Als

[67] Vgl. Wolfgang Trillhaas, Art. Frömmigkeit, RGG³ II (1958) 1159; P. Selvadagi, Religiosità e religione nell'opera teologica di Schleiermacher, Lateranum 48 (1982) 355—383.

[68] Vgl. Erwin H.U. Quapp, Christus im Leben Schleiermachers. Vom Herrnhuter zum Spinozisten (SThGG 6), Göttingen 1972, 30—68. Zu Schleiermachers Religions- und Frömmigkeitsbegriff und seiner Wirkungsgeschichte vgl. auch die profunden Untersuchungen von Gerhard Ebeling, Wort und Glaube II, Tübingen 1969, 305—342; Wort und Glaube III, Tübingen 1975, 60—136; Helmut Thielicke, Glauben und Denken in der Neuzeit. Die großen Systeme der Theologie und Religionsphilosophie, Tübingen 1983, 177—279.

solche Gefühle weiß Schleiermacher Ehrfurcht, Demut, Liebe zu den Menschenbrüdern, Gefühl der Dankbarkeit und Abhängigkeit aufzuzählen ... Sammelname dafür ist ihm der Begriff Frömmigkeit.«[69] In Fortführung seines Ansatzes in den Reden »Über die Religion« definiert Schleiermacher schließlich das *fromme Selbstbewußtsein* bzw. die *Frömmigkeit* in der 1. Auflage der Glaubenslehre 1821 / 22 als das *Gefühl der allgemeinen* — und dann ab der 2. Auflage 1830 / 31 als das *Gefühl der schlechthinnigen Abhängigkeit von Gott:* »Das gemeinsame aller noch so verschiedenen Äußerungen der Frömmigkeit, wodurch diese sich zugleich von allen andern Gefühlen unterscheiden, also das sich selbst gleiche Wesen der Frömmigkeit ist dieses, daß wir uns unser selbst als schlechthin abhängig, oder, was dasselbe sagen will, als in Beziehung mit Gott bewußt sind.«[70] Dem Gefühl dieser Abhängigkeit eignet also »Selbstbewußtsein«, genauer gesagt »unmittelbares Selbstbewußtsein«.[71]

69 Quapp, a.a.O., 68. Vgl. Friedrich Schleiermacher, Über die Religion. Reden an die Gebildeten unter ihren Verächtern, Berlin 1799, 111.

70 Friedrich Schleiermacher, Der christliche Glaube nach den Grundsäzen (sic!) der evangelischen Kirche im Zusammenhange dargestellt, 1. Bd. (Sämmtliche Werke I / 3), Berlin ^{3}1835, 15, Leitsatz § 4. Vgl. dazu Doris Offermann, Schleiermachers Einleitung in die Glaubenslehre. Eine Untersuchung der »Lehnsätze« (TBT 16), Berlin 1969, 47—65.

71 Schleiermacher, Christl. Glaube, 15, § 4,1. Vgl. dazu Christel Keller-Wentorf, Schleiermachers Denken. Die Bewußtseinslehre in Schleiermachers philosophischer Ethik als Schlüssel zu seinem Denken (TBT 42), Berlin 1984.

Als ein allgemeines und nicht als ein zufälliges Lebenselement hat dieses Gefühl seinen Grund im »schlechthin gemeinsamen Wesen des Menschen«.[72] »Es tritt in Analogie (und Konkurrenz) zum Prinzip des transzendentalen Idealismus, dem Ich. Aber es ist nicht das reine Ichbewußtsein (das Schleiermacher als wirklichen Bewußtseinsakt für unmöglich hält), sondern es hat einen Inhalt über das Ich hinaus: es steht in Beziehung zu Gott«; für Schleiermacher ist sie die »Grundbeziehung« des Menschen.[73]
Dieses Religions- bzw. Frömmigkeitsbewußtsein verdeutlicht Schleiermacher »unter Aufnahme des Begriffspaares Rezeptivität / Spontaneität: unser Verhältnis zur Welt ist eine Wechselwirkung von Empfänglichkeit und Selbsttätigkeit, von Abhängigkeit und Freiheit. Nie stellt sich hier das Gefühl absoluter Abhängigkeit ein, da wir auf alles zurückwirken können; nie das Gefühl absoluter Freiheit, da wir immer auch bestimmt werden und dies Bestimmende nicht selbst gesetzt haben. Da wir aber aus relativer Abhängigkeit nicht herauskommen und auch unsere Freiheit nicht uns selbst verdanken, ist unser Grundgefühl das der schlechthinnigen Abhängigkeit. Daraus folgt, daß die Frömmigkeit nicht das Freiheitsbewußtsein ausschließt, sondern vielmehr voraussetzt (GL I, 35). Schleiermacher macht das durch die Annahme einer dreistufigen Entwicklung des Selbstbewußtseins ver-

72 Schleiermacher, Christl. Glaube, 172, § 33,1.
73 Gunter Scholtz, Die Philosophie Schleiermachers (EdF 217), Darmstadt 1984, 130.

ständlicher: Im vorsprachlichen, ,tierartig verworrenen' Zustand gibt es keine Trennung von Anschauung und Gefühl und damit kein Bewußtsein von Gegenständen und vom eigenen Selbst. Dies ist dann im ,sinnlichen Selbstbewußtsein' der Fall, das durch den Gegensatz von relativer Freiheit und relativer Abhängigkeit gekennzeichnet ist. Erst, wenn sich diese Bewußtseinsstufe scharf ausprägt, ist als dritte Stufe das Gefühl der Frömmigkeit im Sinne der allgemeinen Abhängigkeit möglich. Es ist zugleich die höchste Stufe des Selbstbewußtseins, das nun seine Freiheit und relative Abhängigkeit und mit diesen die gesamte endliche Welt in sein Gefühl schlechthinniger Abhängigkeit hineinnimmt und als abhängig von Gott weiß. Denn Gott ist ,das in diesem Selbstbewußtsein mitgesetzte *Woher* unseres empfänglichen und selbsttätigen Daseins' (GL I, 28). Das Bewußtsein von Gott schließt das Weltbewußtsein notwendig ein, und daraus erklären sich die anthropomorphisierenden Redeweisen in Religion und Theologie (GL § 5 Zus.).«[74]

Die Geschichte der neueren evangelischen Dogmatik und Ethik zeigt, wie fruchtbar dieser Ansatz Schleiermachers bei der Frömmigkeit war. Nun waren nämlich Transzendenz und Immanenz nicht mehr zwei getrennte Welten. In diesem Sinne konnte man neuerdings Schleiermachers Gottesbegriff als die coincidentia oppositorum verstehen und den Autor der Glau-

74 Scholtz, a.a.O., 130f. Scholtz zitiert Schleiermachers Glaubenslehre = GL nach der von Martin Redeker aufgrund der 2. Aufl. und kritischer Prüfung des Textes neu hg. 7. Aufl., Berlin 1960.

benslehre als den »Cusanus des 19. Jahrhunderts« preisen.[75] Die Theologie hatte sich endlich wieder der Psychologie geöffnet. Von Gott reden, konnte jetzt auch heißen und sollte später, besonders in der Tod-Gottes-Theologie, nur noch heißen, vom Menschen reden. »Damit war der Schritt zu einer neuen Phase der protestantischen Theologie vollzogen. Nicht nur die unmittelbaren Schüler Schleiermachers, vor allem Alexander Schweizer (Die christliche Glaubenslehre, 1836ff.), sondern auch die konfessionelle Theologie (Erlanger Schule, vor allem J. Chr. K. v. Hofmann) haben diesen Ansatz weiter gepflegt. In allen Spielarten vom Liberalismus bis zur Orthodoxie, von der konfessionellen Theologie bis zu einer psychologisierenden Dogmatik (Wobbermin) war der Schleiermachersche Ansatz fruchtbar, auch wenn der Terminus Frömmigkeit dabei nicht festgehalten, sondern durch mannigfache Äquivalente ersetzt wurde.«[76]

Hatte man schon am Ende des 19. Jahrhunderts Schleiermachers Religionsbegriff als psychologisch kritisiert[77], so war doch erst eine Theologie, die die Brüchigkeit des frommen Selbstbewußtseins angesichts des gott-losen materialistischen Denkens an der Wende des 19./20. Jahrhunderts erlebte und nun nach den haltbaren Grundlagen des christlichen Glaubens

75 Vgl. Robert R. Williams, Schleiermacher the Theologian. The Construction of the Doctrine of God, Philadelphia 1978, 14.

76 Trillhaas (o. Anm. 67), 1160.

77 So z. B. Wilhelm Bender, Schleiermachers Theologie mit ihren philosophischen Grundlagen dargestellt, 2 Teile, Nördlingen 1876—1878.

fragte, dazu fähig, Schleiermacher sogar eine psychologische Engführung des Gottes-, Glaubens- und Kirchengedankens vorzuwerfen. Es waren nicht allein die später so genannten dialektischen Theologen, die zu Beginn unseres Jahrhunderts der Glaubenslehre Schleiermachers und damit auch seiner Idee der Frömmigkeit eine Absage erteilten; Theologen, die damals, bestärkt und zugleich herausgefordert durch die Feuerbachsche Religionskritik[78], nach einem ganz anderen Gottes-, Glaubens- und Kirchenbegriff Ausschau hielten: Barth, Brunner, Gogarten. Fast zur selben Zeit sprachen nun in der Zeitenwende des Bewußtseins durch den Ersten Weltkrieg der Schleiermacherverehrer *Rudolf Otto* in seinem Buch »Das Heilige« und der Schleiermacherkritiker *Karl Barth* in seinem »Römerbrief«-Kommentar von Gott als dem »ganz Anderen«.[79] *Rudolf Bultmann*, damals neben Otto in

[78] Vgl. Marcel Xhaufflaire, Feuerbach und die Theologie der Säkularisation (GT.S 10), München - Mainz 1972. Zu Barths ambivalenter Feuerbachrezeption vgl. John Glasse, Barth zu Feuerbach, in: Erich Thies (Hg.), Ludwig Feuerbach (WdF 438), Darmstadt 1976, 165—201; Jörg Salaquarda, Art. Feuerbach, Ludwig (1804—1872), TRE 11 (1983) 144—157, bes. 149f.

[79] Rudolf Otto, Das Heilige. Über das Irrationale in der Idee des Göttlichen und sein Verhältnis zum Rationalen, (Breslau 1917) 44. Tsd. München 1979; Karl Barth, Der Römerbrief (Erste Fassung: Bern 1919), neu hg. v. Hermann Schmidt (Karl Barth GA II), Zürich 1985; bes. ders., Der Römerbrief (Zweite Fassung: München 1922), Zürich [13]1984. Barth orientiert sich dabei an der Ahnenreihe Kierkegaard, Luther, Calvin, Paulus, Jeremia und übergeht bewußt Schleiermacher, weil er ihn für »*keinen* guten theologischen Lehrer« hält (Karl Barth, Das Wort Gottes als Aufgabe der Theologie [1922], in: ders., Das Wort Gottes und

Breslau auf seiner ersten Professur und mit diesem noch befreundet, begrüßte diese neue Terminologie, wenn auch an einigen Punkten durchaus kritisch.[80] Die Auseinandersetzung um Sinn und Wert der Frömmigkeit in unserem Jahrhundert begann. Sie wurde geführt von Systematikern, Exegeten und Religionswissenschaftlern. Die Kirchenhistoriker aber gebrauchten den Begriff Frömmigkeit bis nach dem Zweiten Weltkrieg weitgehend so, als hätte die Debatte gar nicht stattgefunden. Das hatte Gründe. Mehr

die Theologie. Gesammelte Vorträge, 1. Bd., München 1924, 165). Denn »daß von Gott reden etwas *Anderes* heißt als in etwas erhöhtem Ton vom Menschen reden«, kann man nach Barths Meinung bei Schleiermacher eben nicht lernen (ebd.). Die »gänzlich unschleiermachersche Klarheit darüber, daß Menschendienst *Gottes*dienst sein muß und nicht umgekehrt« (ebd.), findet Barth in der »Oppositionstheologie«, wie sie im 19. Jahrhundert von G. Menken, J.T. Beck, S. Kierkegaard, J.C. Blumhardt, H.F. Kohlbrügge, P. de Lagarde, F.C. Overbeck, H. Kutter, J. Müller, I.A. Dorner und A.F.C. Vilmar vertreten wurde; vgl. Karl Barth, Die Theologie Schleiermachers. Vorlesung Göttingen Wintersemester 1923/24, hg. v. Dietrich Ritschl (Karl Barth GA II), Zürich 1978, 4f.; ders., Christl. Dogmatik (o. Anm. 13), 4f.

80 Rudolf Bultmann, Karl Barths Römerbrief in zweiter Auflage (1922), in: Jürgen Moltmann (Hg.), Anfänge der dialektischen Theologie, Teil I: Karl Barth, Heinrich Barth, Emil Brunner (TB 17), München ^{4}1977, 119—142; ders., Die liberale Theologie und die jüngste theologische Bewegung (o. Anm. 14); ders., Welchen Sinn hat es, von Gott zu reden? (1925), in: ders., Glauben und Verstehen I, Tübingen ^{8}1980, 26—37. Vgl. statt weiterer Einzelnachweise den guten Überblick bei Martin Evang, Rudolf Bultmanns Berufung auf Friedrich Schleiermacher vor und um 1920, in: Bernd Jaspert (Hg.), Rudolf Bultmanns Werk und Wirkung, Darmstadt 1984, 3—24.

noch als *Emil Brunners* kritisches Schleiermacherbuch von 1924 »Die Mystik und das Wort«[81] hat Karl Barths zuzeiten unterschiedlich starke, aber immer radikale Schleiermacherkritik[82], hauptsächlich in den zwei Jahrzehnten zwischen den beiden Weltkriegen, bei vielen evangelischen Theologen eine Verunsicherung ihrer Theologie und Frömmigkeit bewirkt. Hier war Bultmann, der sich zeitlebens der Theologie Schleiermachers verbunden wußte[83], ein Retter in der Not mit seiner These, daß, wer von Gott reden wolle, vom Menschen reden müsse und umgekehrt.[84] Infolgedessen konnte die adäquate Auslegung des Gotteswortes der Bibel nur eine existentiale Interpretation

81 Die Mystik und das Wort. Der Gegensatz zwischen moderner Religionsauffassung und christlichem Glauben, dargestellt an der Theologie Schleiermachers, Tübingen 1924 (2. stark veränd. Aufl. 1928).

82 Vgl. seinen eigenen Rückblick in Heinz Bolli, Schleiermacher-Auswahl. Mit einem Nachwort von Karl Barth (Siebenstern-Tb. 113/114), München - Hamburg 1968, 290—312; und jetzt vor allem Karl Barth, Die Theologie Schleiermachers (o. Anm. 79).

83 Vgl. Evang (o. Anm. 80) und Barths (o. Anm. 82, Nachwort 301f.) bezeichnende Charakterisierung Bultmanns als »Fortsetzer der großen Tradition des 19. Jahrhunderts und also ... echter Schüler Schleiermachers«. Daß Bultmanns Verbundenheit mit Schleiermacher seine Kritik an ihm nicht ausschloß, betont Wilhelm Anz, Schleiermacher und Kierkegaard. Übereinstimmung und Differenz, ZThK 82 (1985) 410f., Anm. 3, zurecht. Nur müßte noch geklärt werden, warum Bultmanns Weg hier »von eindeutiger Anerkennung zu doch wohl eindeutiger Distanzierung« verläuft. Ob die Beschäftigung mit Kierkegaard der Grund war? Wann setzte sie ein, wie wirkte sie nach? Diese Fragen sind ein Desiderat der Bultmannforschung.

84 Vgl. Glauben und Verstehen I (o. Anm. 80), 28ff.

sein.[85] *Paul Tillich*, der ebenfalls, wenn auch von anderer theologischer Herkunft, der Schleiermacherschen Auffassung von Theologie und Religion positiv gegenüberstand, der damit auch Bultmanns Arbeit mehr verbunden war als Barth, konnte in die Entwicklung der deutschen evangelischen Theologie nach seiner Amtsenthebung durch die Nationalsozialisten 1933 und der anschließenden Emigration in die USA nur noch sporadisch und somit kaum wirksam eingreifen. Sein Einfluß nahm erst nach dem Zweiten Weltkrieg wieder zu und bestimmte dann in der Tat die Neubesinnung an den theologischen Fakultäten auf das Christentum als Religion im Kontext anderer Religionen entscheidend mit. Die Wirkungsgeschichte des Schleiermacherschen Religions- und Frömmigkeitsverständnisses konnte hier nur kurz angedeutet werden. Es wäre aber an der Zeit, einmal theologie- und kirchengeschichtlich im einzelnen zu untersuchen, wie Barths Religions- und Frömmigkeitskritik in der evangelischen Theologie und Kirche etwa seit den dreißiger Jahren weit über Deutschland und die Schweiz hinaus nolens volens zu einer Neubesinnung auf die Grundlagen des christlichen Glaubens und auf ein ihnen entsprechendes Leben als Christ im 20. Jahrhundert führte. Daß diese Neubesinnung nicht erst nach 1945 einsetzte, kann man beispielhaft an Dietrich Bonhoeffer sehen.

85 Vgl. Rudolf Bultmann, Das Problem der Hermeneutik (1950), in: ders., Glauben und Verstehen II, Tübingen [5]1968, 211—235; ders., Jesus Christus und die Mythologie (1958 / 1964), in: ders., Glauben und Verstehen IV, Tübingen [4]1984, 141—189.

b) Dietrich Bonhoeffer: Frömmigkeit im religionslosen Christentum

Auf der Linie der Kritik Karl Barths an Religion und Frömmigkeit, aber doch eigenständig gelangt *Dietrich Bonhoeffer* im Jahre 1944 zu der These vom »Mündigsein der Welt« und vom »mündigen Christsein«, das sich in einem »religionslosen Christentum« zeige und bewähre.[86] Wie für Luther in seiner Erklärung zu den 10 Geboten ist für Bonhoeffer Frömmigkeit, »zu beten und Gott über alles zu fürchten und zu lieben und den Willen Jesu Christi zu tun« (WE, 323). Sie ist nichts Lautes und Wortreiches. Das ist das Ergebnis einer Besinnung auf »die Frage, was das Christentum oder auch wer Christus heute für uns eigentlich ist. Die Zeit, in der man das den Menschen durch Worte — seien es theologische oder fromme Worte — sagen könnte, ist vorüber; ebenso die Zeit der Innerlichkeit

[86] Vgl. WE (o. Anm. 22), 305—308, 357—360, 374f., 392—396, 413. Die Seitenzahlen aus WE stehen im folgenden Text in runden Klammern hinter den Zitaten. Aus der umfangreichen Sekundärliteratur zu Bonhoeffer sind in unserem Zusammenhang besonders erwähnenswert: Die mündige Welt, 5 Bde., München 1955—1969; Internationales Bonhoeffer Forum, 4 Bde., München 1976—1982; Eberhard Bethges gesammelte Aufsätze in 3 Bänden, München 1969, 1979, 1984, sowie seine Biographie: Dietrich Bonhoeffer. Theologe, Christ, Zeitgenosse, München ^{5}1983; Peter H. A. Neumann (Hg.), Glaube und Weltlichkeit bei Dietrich Bonhoeffer, Stuttgart 1969; Rainer Mayer, Christuswirklichkeit. Grundlagen, Entwicklung und Konsequenzen der Theologie Dietrich Bonhoeffers (AzTh II / 15), Stuttgart 1969; Ernst Feil, Die Theologie Dietrich Bonhoeffers. Hermeneutik,

und des Gewissens, und d.h. eben die Zeit der Religion überhaupt.« Das schreibt Bonhoeffer am 30. April 1944 aus dem Gefängnis in Berlin-Tegel an seinen Freund Eberhard Bethge (305). Und dann die berühmten Sätze: »Wir gehen einer völlig religionslosen Zeit entgegen; die Menschen können einfach, so wie sie nun einmal sind, nicht mehr religiös sein. Auch diejenigen, die sich ehrlich als ‚religiös' bezeichnen, praktizieren das in keiner Weise; sie meinen vermutlich mit ‚religiös' etwas ganz anderes. Unsere gesamte 1900jährige christliche Verkündigung und Theologie aber baut auf dem ‚religiösen Apriori' der Menschen auf. ‚Christentum' ist immer eine Form (vielleicht die wahre Form) der ‚Religion' gewesen. Wenn nun aber eines Tages deutlich wird, daß dieses ‚Apriori' garnicht existiert, sondern daß es eine geschichtlich bedingte und vergängliche Ausdrucksform des Menschen gewesen ist, wenn also die Menschen wirklich radikal religionslos werden — und ich glau-

Christologie, Weltverständnis (GT.S 6), München - Mainz [3]1979; Tiemo Rainer Peters, Die Präsenz des Politischen in der Theologie Dietrich Bonhoeffers, München 1976; Albert Altenähr, Dietrich Bonhoeffer — Lehrer des Gebets. Grundlagen für eine Theologie des Gebets bei Dietrich Bonhoeffer (STGL VII), Würzburg 1976; Gerhard Ludwig Müller, Für andere da. Christus - Kirche - Gott in Bonhoeffers Sicht der mündig gewordenen Welt (KKTS 44), Paderborn 1981; Herbert Rainer Pelikan, Die Frömmigkeit Dietrich Bonhoeffers. Dokumentation, Grundlinien, Entwicklung, Wien - Freiburg - Basel 1982; Bonhoeffer-Studien. Beiträge zur Theologie und Wirkungsgeschichte Dietrich Bonhoeffers. Im Auftrage des Bonhoeffer-Komitees beim Bund der Evangelischen Kirchen in der DDR hg. v. Albrecht Schönherr und Wolf Krötke, Berlin - München 1985.

be, daß das mehr oder weniger bereits der Fall ist ... — was bedeutet das dann für das ‚Christentum'? Unserem ganzen bisherigen ‚Christentum' wird das Fundament entzogen.« Und so wäre dann »schließlich auch die westliche Gestalt des Christentums nur als Vorstufe einer völligen Religionslosigkeit« zu beurteilen. Wenn das so ist, erhebt sich für Bonhoeffer die Frage, die er im Blick auf den Auftrag der Kirche stellt: »Wie kann Christus der Herr auch der Religionslosen werden? Gibt es religionslose Christen? Wenn die Religion nur ein Gewand des Christentums ist — und auch dieses Gewand hat zu verschiedenen Zeiten sehr verschieden ausgesehen — was ist dann ein religionsloses Christentum?«

Bonhoeffer meint, Barth habe als einziger der zeitgenössischen Theologen »in dieser Richtung zu denken angefangen«, dann aber diese Gedanken »doch nicht durchgeführt und durchdacht«. Vielmehr sei Barth »zu einem Offenbarungspositivismus gekommen, der letzten Endes doch im Wesentlichen Restauration geblieben ist. Für den religionslosen Arbeiter oder Menschen überhaupt ist hier nichts Entscheidendes gewonnen. Die zu beantwortenden Fragen wären doch: was bedeutet eine Kirche, eine Gemeinde, eine Predigt, eine Liturgie, ein christliches Leben in einer religionslosen Welt? Wie sprechen wir von Gott — ohne Religion, d.h. eben ohne die zeitbedingten Voraussetzungen der Metaphysik, der Innerlichkeit etc. etc.? Wie sprechen (oder vielleicht kann man eben nicht einmal mehr davon ‚sprechen' wie bisher) wir ‚weltlich' von ‚Gott', wie sind wir ‚religionslos-weltlich' Christen, wie sind wir ἐκ-κλησία, Herausgerufene, ohne uns religiös als Bevorzugte zu verstehen, sondern vielmehr als ganz zur Welt Gehörige? Christus ist dann nicht mehr Gegenstand der Religion, sondern etwas ganz anderes, wirklich Herr der Welt. Aber was heißt das? Was bedeutet in der Religionslosigkeit der Kultus und das Gebet? Bekommt hier die Arkandisziplin, bzw. die Unterscheidung ... von Vorletztem und Letztem neue Wichtigkeit« (305f.)? Und wenige Zeilen später schreibt Bonhoeffer: »Die paulinische Frage, ob die περιτομή Bedingung der Rechtfertigung sei, heißt m.E. heute, ob Religion Bedingung des Heils sei. Die Freiheit von der περιτομή ist auch die Freiheit von der Religion ... Die Religiösen sprechen von Gott, wenn menschliche Erkenntnis (manchmal schon aus Denkfaulheit) zu Ende ist oder wenn menschliche Kräfte versagen — es ist eigentlich immer der deus ex machina, den sie aufmarschieren lassen, entweder zur Scheinlösung unlösbarer Probleme oder als Kraft bei menschlichem Versagen, immer also in Ausnutzung menschlicher Schwäche bzw. an den menschlichen Grenzen; das hält zwangsläufig immer nur solange vor, bis die Menschen aus eigener Kraft die Grenzen etwas weiter hinausschieben und Gott als deus ex machina überflüssig wird.« Aber Bonhoeffer »möchte von Gott nicht an den Grenzen, sondern in der Mitte, nicht in den Schwächen, sondern in der Kraft, nicht also bei Tod und Schuld, sondern im Leben und im Guten des Menschen sprechen. An den Grenzen«, so schreibt er weiter, »scheint es mir besser, zu schweigen und das Unlösbare ungelöst zu lassen. Der Auferstehungsglaube *ist* nicht die ,Lösung' des Todesproblems. Das ,Jenseits' Gottes ist nicht das Jenseits unseres Erkenntnisvermögens! Die erkenntnistheoretische Transzendenz hat mit der Transzendenz Gottes nichts zu tun. Gott ist mitten in unserm Leben jenseits. Die Kirche steht nicht dort, wo das menschliche Vermögen versagt, an den Grenzen, sondern mitten im Dorf ...« (307f.).

Nicht vor der Welt in eine sich abkapselnde Jenseitsreligion und eine sektiererische Frömmigkeit fliehen, sondern als Christ mitten in der Welt weltlich leben, das war Bonhoeffers Anliegen, dem er in den letzten Monaten seines Lebens im brieflichen Gespräch mit Bethge ein theologisches Fundament zu geben versuchte, soweit das seine Situation in der Gefangenschaft der Gestapo zuließ. Ausgangspunkt der Überlegungen Bonhoeffers waren »die Frage, was das Christentum oder auch wer Christus heute für uns eigentlich ist« (305) und die dabei gewonnene Erkenntnis, daß der Mensch seit dem Mittelalter in einem allmählichen Prozeß, etwa seit dem 13. Jahrhundert, autonom geworden ist (vgl. 356—360). Er »hat gelernt, in allen wichtigen Fragen mit sich selbst fertig zu werden ohne Zuhilfenahme der ,Arbeitshypothese: Gott'. In wissenschaftlichen, künstlerischen und ethischen Fragen ist das eine Selbstverständlichkeit geworden, an die man kaum mehr zu rühren wagt; seit etwa 100 Jahren gilt das aber in zunehmendem Maße auch für die religiösen Fragen; es zeigt sich, daß alles auch ohne ,Gott' geht und zwar ebenso gut wie vorher. Ebenso wie auf wissenschaftlichem Gebiet wird im allgemein menschlichen Bereich ‚Gott' immer weiter aus dem Leben zurückgedrängt, er verliert an Boden« (356f.) Bonhoeffer meint: Während katholische und evangelische Geschichtsschreibung diese Entwicklung als den großen Abfall von Gott beklagen (Säkularisierung), ist sich »die zum Bewußtsein ihrer selbst und ihrer Lebensgesetze gekommene Welt ... ihrer selbst in einer Weise sicher, daß uns das unheimlich wird« (357). Die christliche Apologetik, die unter Hinweis auf die Notwendigkeit Gottes, des Pfarrers und der Kirche angesichts der sogenannten letzten Fragen wie Schuld und Tod gegen diese Selbstherrlichkeit der Welt versucht vorzugehen, hält Bonhoeffer für peinlich und fatal. Das wird spätestens dann offenbar, wenn diese letzten Fragen »eines Tages nicht mehr als solche da sind, bzw. wenn auch sie ‚ohne Gott' beantwortet werden« (357). »Die Attacke der christlichen Apologetik auf die Mündigkeit der Welt« ist nach Bonhoeffers Meinung aber auch sinnlos, unvornehm und unchristlich. »Sinnlos — weil sie ... wie der Versuch erscheint, einen zum Mann gewordenen Menschen in seine Pubertätszeit zurückzuversetzen, d.h. ihn von lauter Dingen abhängig zu machen, von denen er faktisch nicht mehr abhängig ist, ihn in Probleme hineinzustoßen, die für ihn faktisch« keine mehr sind. »Unvornehm — weil hier ein Ausnutzen der Schwäche eines Menschen zu ihm fremden, von ihm nicht frei bejahten Zwecken versucht wird. Unchristlich — weil Christus mit einer bestimmten Stufe der Religiosität des Menschen, d.h. mit einem menschlichen Gesetz verwechselt wird« (358).

In einer grandiosen Abrechnung mit den maßgebenden zeitgenössischen evangelischen Theologen wie Heim, Althaus, Tillich, Barth, Bultmann bis hin zu Paul Schütz und den Berneuchenern behauptet Bonhoeffer schließlich, die Mündigkeit der Welt müsse vom Evangelium, d.h. von Christus her positiv bewertet werden. Das sei möglich, wenn Barths Offenbarungspositivismus und Bultmanns immer noch liberales Mythenverständnis endlich durch eine *religionslose Interpretation der biblischen Begriffe* überwunden würden. Wenn zum Verstehen des Evangeliums die Religion nicht mehr als Bedingung des Glaubens vorausgesetzt wird, bietet die Mündigkeit der Welt keinen »Anlaß mehr zu Polemik und Apologetik, sondern sie wird nun wirklich besser verstanden, als sie sich selbst versteht, nämlich vom Evangelium, von Christus her« (360). »Die Inanspruchnahme der mündig gewordenen Welt durch Jesus Christus« (375) erfaßt alle Lebensbereiche. Sie kann dem religionslos gewordenen Menschen der Gegenwart nur in einer nicht-religiösen Sprache deutlich gemacht werden. Daher muß die Kirche aufhören, um ihre Selbsterhaltung zu kämpfen (vgl. 328). Sie muß sich öffnen und für andere dasein und in einer »ganz unreligiösen, aber befreienden und erlösenden« Sprache (328) »den Menschen aller Berufe sagen, was ein Leben mit Christus ist, was es heißt, ‚für andere dazusein'« (415f.). Die Kirche muß also wieder lernen, die Sprache Jesu zu sprechen, »die Sprache einer neuen Gerechtigkeit und Wahrheit, die Sprache, die den Frieden Gottes mit den Menschen und das Nahen seines Reiches verkündigt« (328). Einstweilen ist die Kirche aber einer solchen Sprache »des versöhnenden und erlösenden Wortes für die Menschen und für die Welt« (328) offenbar noch nicht fähig. So besteht das Christsein im Augenblick nach Bonhoeffer »nur in zweierlei ...: im Beten und im Tun des Gerechten unter den Menschen. Alles Denken, Reden und Organisieren in den Dingen des Christentums muß neugeboren werden aus diesem Beten und aus diesem Tun.« Das bedeutet für die Kirche: »Umkehr und Läuterung«, also Buße (328).

Bonhoeffers »Bestandsaufnahme des Christentums« vom Sommer 1944 (vgl. 413—416) und die Konsequenzen, die er daraus für die Praxis der Kirche zog, haben zwar nach der Veröffentlichung seiner Briefe und Besinnungen aus der Haft in »Widerstand und Ergebung« (1951) ein reges internationales Echo ausgelöst.[87] Aber soweit ich sehe, hat bisher noch kein Kirchenhistoriker die Bonhoefferschen Gedanken für das

[87] Vgl. z.B. die Beiträge in: Die mündige Welt (o. Anm. 86); Hans Jürgen Schultz (Hg.), Frömmigkeit in einer weltlichen Welt, Stuttgart - Olten 1959; Gerhard Krause, Art. Bonhoeffer, Dietrich (1906—1945), TRE 7 (1981) 55—66, bes. 62ff. Krauses Warnung vor einer »Verabsolutierung des Bonhoeffer der Briefe und Fragmente« (63) ist zwar werkimmanent berechtigt, kann aber nicht in Abrede stellen, daß gerade diese über den Kreis der Theologen hinaus die nachhaltigste Wirkung von all seinen Schriften hatten; vielleicht weil Bonhoeffer wie niemand sonst in der Theologie damals hier klar und schonungslos das Problem beim Namen nannte, das wie kein anderes in der Mitte des 20. Jahrhunderts den Christen auf den Nägeln brannte. Vgl. dazu auch Georg Kretschmar, Dietrich Bonhoeffer (1906—1945), in: Heinrich Fries — Georg Kretschmar (Hg.), Klassiker der Theologie, 2. Bd., München 1983, 376—403, bes. 402.

Verständnis der christlichen Frömmigkeitsgeschichte fruchtbar zu machen versucht. Die Frage ist: Geben sie denn in ihrer negativen Kritik von Religion und Frömmigkeit wirklich etwas her für eine frömmigkeitsgeschichtliche Methode? Und weiter ist zu fragen: Setzt Bonhoeffer nicht zu enge Maßstäbe, wenn er die Interpretation der Bibel religionslos vornehmen will, weil der Mensch seit dem 13. Jahrhundert in zunehmendem Maße die Religion zum Leben nicht mehr brauche und autonom geworden sei? Kann diese Methode dann auch für das Verständnis der Geschichte der Frömmigkeit *vor* dem 13. Jahrhundert gelten? Und trifft Bonhoeffers von Wilhelm Dilthey[88] übernommene zeitliche Beurteilung des sogenannten modernen Menschen überhaupt zu?

c) Karl Rahner: Christliche Weltfrömmigkeit

Bei der Beantwortung dieser Fragen kann uns ein katholischer Theologe ein Stück weiterhelfen, der wie nur wenige seiner Kirche dem Problem der Begegnung des Christentums mit der Säkularisation so radikal auf die Spur zu kommen versuchte wie Bonhoeffer:

88 Weltanschauung und Analyse des Menschen seit Renaissance und Reformation (Gesammelte Schriften II), Stuttgart - Göttingen [7]1964; vgl. WE, 255 u.ö., dazu den wichtigen Brief vom 9.3.1944 (256—261), in dem zum ersten Mal der Gedanke einer »christlichen Weltlichkeit« auftaucht, den Bonhoeffer am 8.6.1944 wieder aufgreift: »menschliche Autonomie«, »mündig gewordene Welt«, WE, 356—360.

Karl Rahner (1904—1984). In zwei Aufsätzen hat sich Rahner zur Notwendigkeit eines »aggiornamento« der katholischen Frömmigkeit nach dem Zweiten Vatikanischen Konzil geäußert: »Frömmigkeit früher und heute« (1966) und »Elemente der Spiritualität in der Kirche der Zukunft« (1977).[89]

1. *»Frömmigkeit früher und heute«*

In diesem Aufsatz will Rahner vor allem »Perspektiven der christlichen Frömmigkeit von morgen« aufzeigen (Abschnitt III: 18—31), speziell der katholischen. »Die Frage nach der Frömmigkeit heute« (Abschnitt I: 12—13) macht bewußt, daß die »heutige kirchliche Frömmigkeit als Erbe und Auftrag« (Abschnitt II: 13—18) verstanden werden muß. »Die bleibende Selbigkeit der christlichen Frömmigkeit gestern und morgen«, d. h. die »Identität innerhalb des geschichtlichen Wandels zwischen alter und neuer Frömmigkeit« ist nämlich nur »durch Bewahrung eines geschichtlichen Erbes in seiner Faktizität« festzuhalten (14). Für Rahner steht damit fest: »Die Frömmigkeit von morgen

[89] Schriften zur Theologie VII, Einsiedeln - Zürich - Köln ²1971, 11—31; XIV, a.a.O. 1980, 368—381. Die Seitenzahlen der beiden Aufsätze stehen im folgenden Text in runden Klammern hinter den Zitaten. — Karl Lehmann hat darauf hingewiesen, daß sich das spirituelle Element wie ein roter Faden durch Rahners Leben und Werk zog: Theologie aus der Leidenschaft des Glaubens. Gedanken zum Tod von Karl Rahner, StZ 109 (1984) 291—298. Die beiden von mir genannten Aufsätze Rahners sind also lediglich pars pro toto im Blick auf seine gedanklich-existentielle Konzentration auf Frömmigkeit zu verstehen.

... ist nur echt, wenn sie auch ein lebendiges Verhältnis zu ihrer Vergangenheit« hat bzw. neu gewinnt« (16).
Frömmigkeit drückt sich aus in Formen, im Institutionellen. Daher ist »auch die Frömmigkeit von morgen ... dem Geist wahrer christlicher Frömmigkeit nur getreu und gehorsam, wenn sie den Mut zum Geplanten, Geübten, Geformten, zur ,Übung', sagen wir kurz: zum Institutionellen hat und sich nicht in eine gestaltlose Gesinnung auflöst. Es gibt keinen Geist ohne Leib, es gibt kein ernsthaftes religiöses Leben, ohne daß der Mensch sich selbst eine Norm mit Regel, Übung und Pflicht setzt« (16f.). Zwar unterliegt alles Institutionelle dem Wandel, der aber nicht zu verwechseln ist mit »Abbau und Atrophie« (18). Der Wandel ist sogar notwendig und gut, meint Rahner, weil auf diese Weise z. B. die katholischen Säkularinstitute »viel dazu beitragen« können, »neue, glaubwürdige und praktikable, gute Institutionalismen echter Frömmigkeit zu erproben, zu entwickeln und vorbildlich zu leben« (18).
Seine »Perspektiven der christlichen Frömmigkeit von morgen« entwickelt Rahner in drei Schritten unter der Überschrift: 1. Die Erfahrung des unbegreiflichen Gottes, 2. Weltliches Leben und Dienst an der Welt als Frömmigkeit, 3. Neue Aszese des selbstgesetzten Maßes.

Zu 1: Ähnlich wie Bonhoeffer stellt Rahner fest, daß wir in einer Zeit leben, in der Gott zu »einer mythisch-undefinierbaren Größe« geworden ist. Es ist die Zeit des »Todes Gottes« und des Atheismus, in dem Gott nicht mehr gebraucht wird, »um die ‚Löcher zu stopfen', die wir in der Unzulänglichkeit unseres Daseins entdecken; wir haben vielmehr den Eindruck, daß wir diese Löcher entweder selbst stopfen müssen oder sie auch durch Gott ungestopft bleiben, Bittgebet also eine höchst zweifelhafte Sache geworden sei. Wir leben in einer Zeit, in der man wenig fragt, wie man als Sünder einen gnädigen Gott findet, der uns rechtfertigt, sondern eher den Eindruck hat, Gott — so es ihn gibt — müsse sich selbst rechtfertigen vor seiner gequälten Kreatur, die der Rechtfertigung nicht bedarf; in einer Zeit, die mißtrauisch wird, wenn sie mit ihren Fragen auf ein Jenseits verwiesen wird, in dem dann alles zur Klarheit und Ordnung kommt. In einer solchen Welt christlich fromm zu sein, ist gewiß keine Selbstverständlichkeit, zumal die gesellschaftliche Selbstverständlichkeit, daß man so etwas sein könne und müsse, nicht mehr existiert« (20).[90]

Zu 2: Der Christ von morgen wird daher das weltliche Leben und den Dienst an der Welt nicht nur ernster nehmen müssen als bisher, sondern er wird ihn unmittelbar als Frömmigkeit begreifen müssen. »Das freie Humanum muß von der christlichen Frömmigkeit der Zukunft als ein inneres Moment ihrer selbst verstanden werden«, denn Gott kommt »mit seiner Gnade auch dort« an, »wo kein eigens errichteter Altar Got-

90 Zum Ideologieverdacht in bezug auf die christliche Frömmigkeit vgl. HPTh II / 2, 109—202.

tes steht« und »wo ohne ausdrückliche Frömmigkeit das weltliche Leben fröhlich, frisch, ernst und tapfer gelebt wird« (24). Gott ist auch dort anwesend, wo die Menschen kein explizites, sondern höchstens ein implizites oder anonymes Christentum leben. Denn Gott liebt die Welt ganz, in allen ihren Lebewesen und Gestalten, nicht nur in den Christen, die ihren Glauben in bestimmter Frömmigkeit praktizieren. »Das *vorbehaltlos redlich* gelebte *weltliche* Leben ist schon ein Stück des frommen Lebens, weil Gott die Welt selbst liebt, sie selbst begnadigt und kein Konkurrent zu ihr ist, der ihr neidisch wäre« (25). Wer als Christ so lebt und der Welt liebend begegnet, »dem kommt schon auch das Kreuz Christi und die Unbegreiflichkeit Gottes aus ihr entgegen, er braucht das gar nicht erst in sie hineinzuzaubern«. Die weltlichen Tugenden wie »Fröhlichkeit, Tapferkeit, Pflichttreue und Liebe« sind für Rahner »schon ein Stück echter Frömmigkeit«, und sie werden dem Christ »schon eines Tages ihr innerstes Geheimnis offenbaren, das Gott selbst ist«. Denn »was wirklich gehaltvoll und ursprünglich lebendig im Menschen ist, steht bereits unter dem Gnadenruf Christi, bevor es ausdrücklich getauft ist« (25). Rahner geht sogar noch einen Schritt weiter und meint, es »braucht ... gar nicht immer und überall ausdrücklich getauft zu werden, weil das gar nicht möglich ist und weil der Christ kein Integralist ist, der im Grunde nur Gott selbst vertreten will. Dieser allein bleibt die einzig wahre Einheit des Pluralen« (25). Das gilt nach Rahner nicht nur für die Begegnung des Christentums mit den nichtchristlichen Religionen, es gilt auch für das Leben der eigenen christlichen Religion.[91] Bedeutet die »*entnuminisierte* und *hominisierte* Welt«, wie sie der sich seines eigenen freien Schöpfertums bewußt gewordene Mensch geschaffen hat, zwar »zunächst unweigerlich einmal eine Ferne Gottes, eine Blaßheit und Unbegreiflichkeit des Gottesgedankens, eine Entweltlichung Gottes, seine Entkategorialisierung« und damit auch einen »Schwund der Fähigkeit religiöser Vollzüge«, so bleibt doch auch wahr, daß »Gottes Herrlichkeit letztlich in der Welt nur wachsen kann, wenn des Menschen Herrlichkeit wächst, wenn unsere Aufgänge und nicht *nur* unsere Untergänge ihn preisen und bekennen, wenn er nicht nur den Himmel, sondern auch die Erde geschaffen hat«. Das heißt, »daß diese profane Welt in ihrer unabdingbaren Profanität ... zwar keine sakralisierte, aber doch ... eine geheiligte ist«. Rahner ist davon überzeugt, »daß in ihren Grundzügen trotz aller sündigen und ungläubigen Verzerrung die Struktur der heutigen Zeit nicht nur nicht unchristlich ist, sondern letztlich vom Christentum selber geschaffen worden ist, das die Welt entnuminisiert und zum Material menschlicher Subjektivität macht, weil so erst der Mensch ganz das wird, was er sein soll, das freie, sich selbst verantwortende Subjekt vor Gott, und zwar auch im Bereich seiner Welthaftigkeit, seiner Ausgesetztheit in eine Natur, und weil Gott nur so dem Menschen ganz

[91] Vgl. Karl Rahner, Der Mensch von heute und die Religion, in: ders., Schriften zur Theologie VI, Zürich - Einsiedeln - Köln [2]1968, 13—33.

aufgeht als der, der er für den Christen ist, der Schöpfer, der nicht in seiner Welt selbst erst zu sich kommt und ihr dazu seinen Glanz verleiht, sondern über alles, was außer ihm ist und gedacht werden kann, unendlich erhaben in seiner eigenen, von uns aus unzugänglichen, ewig besessenen Herrlichkeit wohnt«.[92] In einer so von Gott geheiligten profanen Welt kann nach Rahners Ansicht das christliche Leben nur in einer »Weltfrömmigkeit« (vgl. 24—27)[93] gelebt werden. Mit ihr nimmt der Christ am Hominisierungsprozeß der Welt teil, in dem Christen wie Nichtchristen stehen, in irgendeinem Sinne an Gott glaubende Menschen ebenso wie Atheisten. Die »,weltliche Welt'« fordert eine »,politische' Frömmigkeit«. Sie wird »heute oder morgen ein Stück der echten christlichen Frömmigkeit« (27) und als solche »die verantwortete Welttat« (25) der Christen sein.

Zu 3: Schließlich bringt die Frömmigkeit von morgen einen »Strukturwandel in der Aszese« (27) mit sich, und zwar nicht nur innerhalb der katholischen Orden, sondern für alle Christen. Auf allen Lebensgebieten wird es zu einer »Konsumaszese« (28) kommen müssen. Sie wird dem Menschen um so schwerer fallen, als er lernen muß, sich sein Maß selbst zu setzen, wo

92 A.a.O., 23, 31, 29f.

93 Diesen von Goethe, Wilhelm Meisters Wanderjahre, geprägten Begriff hat Eduard Spranger, Weltfrömmigkeit, Leipzig 1941, neu zur Diskussion gestellt. Vgl. auch Leo Scheffczyk, Christliche Weltfrömmigkeit?, Essen 1964; Karl Rahner, Alltägliche Dinge (ThMed 5), Einsiedeln [10]1980.

er früher das Maß des ihm Guttuenden von außen, von der Familie, der Kirche, dem Staat, gesetzt bekam. Diese Konsumaszese wird nach Rahners Überzeugung aber »nur von dem geleistet werden, der *auf Gott hin* offen ist und darum ernsthaft einen Verzicht annehmen kann, der für den vom Tod geängstigten Menschen scheinbar unwiederbringlich ist« (28). Eine solche Aszese »kann die neue Art der Einübung in das radikalere Mysterium jener christlichen Aszese sein, die in der Teilnahme am Tod des Gekreuzigten besteht« und damit an der Passion Gottes in der Welt, aber auch an der unbegreiflichen Passion vieler Menschen in dieser Welt (29). Künftig wird es »*viele* Stile christlicher Frömmigkeit geben« (30). Die Zeit der Homogenität des christlichen Frömmigkeitsstiles, hat es sie je gegeben, ist unwiderruflich vorbei. Wenn die neue Frömmigkeit in all ihren Variationen »zu Liebe, Friede, Freude, Geduld, Güte, Selbstzucht und anderen Zeugnissen des Geistes führt«, dann besteht sie nach Rahner zurecht. Als Kennzeichen hat sie dann »das eine Selbe ..., das gestern, heute und in Ewigkeit ist und bleibt ...: die selige Unbegreiflichkeit des Lebens, Gott, das Mysterium des Gekreuzigten und Auferstandenen, der heilige Segen in und über aller Nüchternheit des Alltags, die Hoffnung auf das ewige Leben, das die enthüllte Unbegreiflichkeit Gottes ist. Wo solches da ist und gelebt wird, ist ein Christ und ist dieser fromm. Auch morgen« (31).

2. *»Elemente der Spiritualität in der Kirche der Zukunft«*

Diese Gedanken von 1966 vertieft Rahner elf Jahre später in seiner Besinnung auf die »Elemente der Spiritualität in der Kirche der Zukunft«. Die fünf Abschnitte sind kurz so zusammenzufassen:

1. Die Spiritualität der Zukunft wird die Geschichte der Kirche nicht vergessen. Sie wird vielmehr positiv und negativ aus der Vergangenheit lernen und sich »in die Dokumente der Frömmigkeit vergangener Zeiten vertiefen, weil diese Geschichte ihre eigene ist«. So wird sie »entdecken, daß das scheinbar Alte und Vergangene die wahre Zukunft unserer Gegenwart anzubieten vermag« (372).

2. Im Vergleich zu jener der Vergangenheit wird sich die Spiritualität der Zukunft »auf das Wesentliche christlicher Frömmigkeit konzentrieren müssen« (372). Das sind die christlichen Grundüberzeugungen, »daß Gott ist, daß man ihn anreden kann, daß seine unsagbare Unbegreiflichkeit gerade als solche die Mitte unserer Existenz und so unserer Spiritualität ist, daß man mit Jesus und eigentlich mit ihm allein in einer letzten Freiheit von allen Mächten und Gewalten leben und sterben kann, daß sein unbegreifliches Kreuz über unserem Leben aufgerichtet ist und dieser Skandal den wahren, befreienden und seligmachenden Sinn unseres Lebens hergibt«. All das wird in Zukunft klarer und stärker hervortreten als früher. Denn wir leben »in einer winterlichen Zeit eines weltweiten

Säkularismus und Atheismus«, in der nicht mehr »so viele Einzelblumen christlicher Spiritualität ... blühen können« wie früher (373).

3. Die Notwendigkeit, den christlichen Glauben in einer von Atheismus und technischer Rationalität geprägten Welt zu leben, verlangt von den Christen den »Mut zur einsamen Entscheidung gegen die öffentliche Meinung« (375). Analog dem Mut, den die »Märtyrer des ersten Jahrhunderts« (375) hatten, werden die Christen in Zukunft aus der »innersten Mitte aller Spiritualität« (377) leben müssen: aus der »unmittelbaren Erfahrung Gottes und seines Geistes« (374).

4. Dem korrespondiert als weiteres Kennzeichen der künftigen Spiritualität »die brüderliche Gemeinschaft im Geist« (377). Sie erwächst aus vielfältig möglicher »gemeinsamer Erfahrung des Geistes Gottes« (378). Gegen die frühere individualistische Auffassung der *διάκρισις πνευμάτων* setzt Rahner daher zurecht die gemeinschaftliche geistliche Unterscheidung der Geister (vgl. 379).

5. Schließlich wird die Kirchlichkeit »auch in der Zukunft ein unerläßliches Kriterium für echte Spiritualität sein«. Gefordert wird, auch in Zukunft den Weg »mit der Knechtsgestalt der Kirche« mitzugehen. Denn nur dieser Weg, nicht der des kirchlichen Triumphalismus, führt »in die Freiheit Gottes«. Geht man aber andere Wege, so kommt »man schließlich doch nur bei der Beliebigkeit seiner eigenen Meinung und seines eigenen, in sich selbst egoistisch verfange-

nen Lebens« an (381). Rahner erkennt auch, daß die Kirche für die Frömmigkeit des einzelnen auch belastend sein kann, z. B. »durch Doktrinalismus, Legalismus und Ritualismus«, die mit ursprünglicher und echter Spiritualität nichts zu tun haben. Aber dadurch kann doch »die Spiritualität des einzelnen nicht davon dispensiert werden, kirchlich zu sein« (380). Denn nur in der Gemeinschaft der Sünder ist die Kirche als das pilgernde Volk Gottes, und nur in der Gemeinschaft der Sünder ist ihre Frömmigkeit unterwegs. Die Pneumatiker dürfen nicht aus der Kirche auswandern. Das wäre, wie schon Origenes wußte, zum Schaden der Kirche. Es gilt vielmehr, in einer Kirche zu bleiben, die gerade die pneumatische Frömmigkeit für ihren Weg durch die Zeiten braucht.

d) Frömmigkeit im Spannungsfeld zwischen Religion und Welt: Dietrich Bonhoeffer und Karl Rahner im Vergleich

Die Parallelen zwischen Bonhoeffers und Rahners Zeit- und Weltanalyse sind offenkundig. Auch die Konsequenzen, die Rahner aus seiner Analyse für die Zukunft der Frömmigkeit zieht, sind auffällig dem Gedanken Bonhoeffers vom Beten und Tun des Gerechten bei gleichzeitigem Finden einer neuen Theologie, einer Sprache, in der neu — nicht-religiös — von Gott geredet werden kann und das Evangelium nicht als etwas Zusätzliches zur weitgehend mit sich selbst fertig werdenden Welt verkündigt wird, sondern einer Sprache, in der die Menschen den jenseitigen Gott in der diesseitigen Welt verstehen, in der Jenseits und Diesseits als Ganzes und Eines verstanden werden. Bonhoeffer sagt, solche Frömmigkeit drücke sich nicht laut und wortreich aus (WE, 323). Rahner meint, sie müsse »bescheiden und karg sein« (21). Denn die heutige Situation der Welt gestattet dem Christentum »einfach nicht den Luxus einer komplizierten Frömmigkeit, wie er in alten Zeiten möglich war«. Es geht vielmehr darum — und auch darin stimmen die beiden Theologen überein —, »sich den fundamentalen Wirklichkeiten und Wahrheiten des christlichen Glaubens« zuzuwenden, »ohne den frommen heiligen Luxus in Kopf und Herz früherer christlicher Zeiten, die — dem Augenschein nach — erst religiös lebendig wurden, wenn es nicht um Gottes Unbegreiflichkeit und sein Da-sein im Gekreuzigten, dem Gottverlassenen, ging, sondern um den besonders ausgebauten Kult« bestimmter Objekte christlicher Frömmigkeit (21f.).

Wie Bonhoeffer sieht auch Rahner die Frömmigkeit der Zukunft unter dem Aspekt des mündigen Christseins.[94] »Mündigkeit aber ist Last der Verantwortung, hohe Aufgabe im Reifungsprozeß des Christen und ein Stück der Befreiung der Freiheit zu ihrem vollen Wesen, das die Gnade Gottes schenkt.«[95] Bonhoeffer

[94] Vgl. Karl Rahner, Der mündige Christ, in: ders., Schriften zur Theologie XV, Zürich - Einsiedeln - Köln 1983, 119—132.

[95] A.a.O., 132. Unter diesem Aspekt vgl. auch Reinhold Niebuhr, Frömmigkeit und Säkularisation, Gütersloh 1962; John Macquarrie, Paths in Spirituality, New York 1972.

und Rahner stimmen darin überein, daß das Christentum nur eine Überlebenschance hat, wenn es sich 1. ganz der Welt zuwendet, wie sie nun einmal ist, 2. sich aufs neue an Gestalt, Wort und Werk Jesu Christi orientiert, 3. sich seiner eigenen Wege und Irrwege in der Geschichte bewußt ist und 4. die Nachfolge Christi heute glaubwürdig, d.h. verständlich und in liebevoller Zuwendung zu allen Menschen lebt. Beten, das Gerechte unter den Menschen tun, von Gott menschlich reden — das sind, kurzgefaßt, nach übereinstimmender Meinung der beiden heute die Aufgaben jedes Christen, jedes Theologen, der ganzen Kirche. Darin hat heute die Frömmigkeit zu bestehen, und sie ist ökumenische Frömmigkeit, weil sie damit über die Konfessionsgrenzen und über die Grenzen der Kirche überhaupt hinausgeht.

Bonhoeffer und Rahner sehen aber die Gestalt des künftigen Christentums, das heute schon beginnt und seine Wurzeln in der Vergangenheit hat, die es nicht einfach abstreifen kann wie ein unliebsames Kleid, unterschiedlich. Hält Bonhoeffer ein religionsloses Christentum für möglich, ja sogar für notwendig, so sieht Rahner auch das künftige Christentum als Religion. Sie ist allerdings nur noch eine unter vielen Religionen. Sie ist die für alle Menschen, auch wenn sie erst »anonyme Christen« sind, bedingungslos offene Religion, offen auch zum Dialog mit dem Atheismus in seinen verschiedenen Ausprägungen humaner und militanter Art.[96] Ja, für Rahner liegt gerade in dieser

[96] Zu Rahners Begriff vom »anonymen Christen (Christentum)«,

Welthaftigkeit und Offenheit des Christentums die Erfüllung seines weltumspannenden Auftrages, Christi Gottesbotschaft allen Menschen zu verkündigen und sie zu »taufen«, was für Rahner nicht identisch ist mit dem Taufakt eines Priesters an einem Täufling. Denn schon vor diesem menschlichen Akt göttlichen Auftrages ist der Mensch Gottes Kind durch Gottes dem Menschen immer vorausseiende Gnade. Dennoch löst sich das Christentum nicht in Welt auf. Es bleibt mitten in der Welt von der Welt und damit eben auch von anderen Religionen wie von Weltanschauungen und Ersatzreligionen (Ideologien) unterschieden (vgl. Lk 16,8; Joh 14,27; 17,14; 18,36; Röm 12,2; 1 Joh 2,15; 3,13; 5,4). Den Auftrag und die Fähigkeit zu dieser Unterscheidung haben die Christen durch das religionsgeschichtlich in der gesamten Menschheit einmalige *σκάνδαλον* des Kreuzes Jesu Christi (1 Kor 1,23; Gal 5,11) und durch die in dem Ereignis des Kreuzestodes und der Auferstehung Jesu gründende Botschaft von der in diesem Christus die Todesmacht der Welt überwindenden Lebensmacht Gottes. Der ohnmächtige Gott, sichtbar in Jesus von Nazaret am Kreuz, wird zum Herrn über Leben und Tod im Bekenntnis der an

der nicht deckungsgleich ist mit Bonhoeffers »religionslos-weltlichem Christentum« und seinen Sitz im Leben in einer Besinnung auf den Wert des Humanen außerhalb des »ausdrücklich Christlichen«, also auch in den nichtchristlichen Religionen und sogar im Atheismus hat, vgl. die Beiträge in den Schriften zur Theologie VI (o. Anm. 91), 545—554; VIII, a.a.O. 1967, 187—212; IX, a.a.O. [2]1972, 498—515; XII, a.a.O. 1975, 76—84; außerdem SM (D) III, Freiburg - Basel - Wien 1969, 547—551.

ihn Glaubenden — wie damals bei Thomas, als er rief: »Mein Herr und mein Gott« (Joh 20,28)!
Das Kreuz ist für Rahner wie für Bonhoeffer das Erkennungszeichen des Christen. Es ist das Zeichen der völligen Diesseitigkeit des menschlichen Lebens, soweit es Leidens- und Todeszeichen ist, und zugleich das Signum der Unterscheidung zwischen Christen und Heiden. Sucht der religiöse Mensch in seiner Not Hilfe bei einem Gott, der seine Macht in der Welt zeigt, so weist die Bibel jedoch »den Menschen an die Ohnmacht und das Leiden Gottes«. Denn »nur der leidende Gott kann helfen«, meint Bonhoeffer. Christus hilft nicht »kraft seiner Allmacht, sondern kraft seiner Schwachheit, seines Leidens« (WE, 394). In dem »Hineingerissenwerden in das messianische Leiden Gottes in Jesus Christus«, wie Bonhoeffer es in Jesaja 53 prophezeit sieht, findet die *μετάνοια* des Menschen zum Christen statt (395). Ähnlich konnte schon sechshundert Jahre vor Bonhoeffer der Dominikanermystiker *Heinrich Seuse* († 1366) Jesus Christus in Gestalt der »Ewigen Weisheit« zu ihrem »Diener« sprechen lassen: »Leiden zieht und zwingt den Menschen zu Gott«; »der leidende Mensch ist mir ähnlich«; »die Leidenden heißen vor der Welt die Armen, vor mir aber die Seligen, denn sie sind meine Auserwählten«; »ein Mensch, der nicht gelitten hat, was weiß der«? Daher »lerne leiden christförmiglich«![97]

97 Heinrich Seuse, Büchlein der ewigen Weisheit, zitiert nach Winfried Zeller (Hg.), Deutsche Mystik. Aus den Schriften von Heinrich Seuse und Johannes Tauler (Diederichs Taschenausg. 36), Düsseldorf 1967, 116, 114, 117, 315.

Am 18. Juli 1944 erläutert Bonhoeffer sein wenige Tage zuvor entstandenes Gedicht »Christen und Heiden« (WE, 382) und schreibt an Bethge: »‚Christen stehen bei Gott in seinem Leiden', das unterscheidet Christen von Heiden. ‚Könnt Ihr nicht eine Stunde mit mir wachen'? fragt Jesus in Gethsemane. Das ist die Umkehrung von allem, was der religiöse Mensch von Gott erwartet. Der Mensch wird aufgerufen, das Leiden Gottes an der gottlosen Welt mitzuleiden. Er muß also wirklich in der gottlosen Welt leben, und darf nicht den Versuch machen, ihre Gottlosigkeit irgendwie religiös zu verdecken, zu verklären; er muß ‚weltlich' leben und nimmt eben darin an dem Leiden Gottes teil; er darf ‚weltlich' leben, d. h. er ist befreit von den falschen religiösen Bindungen und Hemmungen. Christsein heißt nicht in einer bestimmten Weise religiös sein, auf Grund irgendeiner Methodik etwas aus sich machen (einen Sünder, Büßer oder einen Heiligen), sondern es heißt Menschsein, nicht einen Menschentypus, sondern einen Menschen schafft Christus in uns. Nicht der religiöse Akt macht den Christen, sondern das Teilnehmen am Leiden Gottes im weltlichen Leben« (395). Eine solche *μετάνοια* ist kein religiöses, frommes Leben, das sich eine Heilsgewißheit schafft, indem es sich aus eigener Kraft das Jenseits schon im Diesseits durch eine bestimmte Methode des Christseins sichert. Die »Diesseitigkeit des Christentums« ist für Bonhoeffer nicht die solchermaßen abgesicherte, auch »nicht die platte und banale Diesseitigkeit der Aufgeklärten, der Betriebsamen oder der Lasziven, sondern die tiefe Diesseitigkeit, die voller Zucht ist, und der die Erkenntnis des Todes und der Auferstehung immer gegenwärtig ist« (401). In dieser Diesseitigkeit hat Luther gelebt, meint Bonhoeffer. Für den Christen kommt es wie im Falle Luthers nicht darauf an, ein Heiliger zu werden, sondern glauben zu lernen. Und das lernt man nur »in der vollen Diesseitigkeit des Lebens« (401).

Der mündige Christ, der so in dieser Diesseitigkeit lebt, hat erkannt, »daß wir leben müssen als solche, die mit dem Leben ohne Gott fertig werden ... Vor und mit Gott leben wir ohne Gott. Gott läßt sich aus der Welt herausdrängen ans Kreuz, Gott ist ohnmächtig und schwach in der Welt und gerade und nur so ist er bei uns und hilft uns« (394). Unser Mündigwerden als Christen führt durch Buße und letzte Redlichkeit zu der Erkenntnis, »daß wir in der Welt leben müssen — ‚etsi deus non daretur'« (394). Wie für Rahner mit seinem immer wieder betonten Hinweis auf die Unbegreiflichkeit Gottes bedeutet die Anerkennung dieser Tatsache für Bonhoeffer, daß »mit einer falschen Gottesvorstellung aufgeräumt« ist, die in Gott den deus ex machina sah, der während des Autonomieprozesses des abendländischen Menschen vom Mittelalter bis zur Gegenwart immer mehr an Raum und Achtung verlor. Der Blick ist nun endlich wieder frei »für den Gott der Bibel, der durch seine Ohnmacht in der Welt Macht und Raum gewinnt« (394). Damit sind wir »wieder ganz auf die Anfänge des Verstehens zurückgeworfen«. Begriffe wie Versöhnung, Erlösung, Wiedergeburt, Heiliger Geist, Feindesliebe, Kreuz, Auferstehung, Leben in Christus und Nachfolge Chri-

sti müssen und können nun neu, *nicht-religiös gesagt* werden in einer Sprache, die »befreiend und erlösend« ist »wie die Sprache Jesu« (328). Aber kann das, was diese Begriffe in der Sprache des Glaubens ausdrücken, nun auch *nicht-religiös gelebt* werden? Kann der Christ die religionslose Botschaft des Glaubens in die religionslose Tat des Glaubens umsetzen und im Alltag religionslos glauben und leben?
An diesem Punkt setzt die Kritik an Bonhoeffer ein.[98] Sie wirft ihm vor, nicht beachtet zu haben, daß der christliche Glaube nicht allein zur Sprache, sondern immer auch zur Gestalt drängt und findet, daß aber christliche Sprache und Gestalt auch in ihrer weltlichen Form religiös sein müssen, wollen sie ihren Ursprung nicht verleugnen. Denn religio ist die Rückbindung an Gott, und christlicher Glaube ist als solcher in diesem Sinne Religion. Bei einer derartigen kritischen Rückfrage an Bonhoeffer darf natürlich die Unfertigkeit seiner Gedanken von 1944 / 45 über das religionslose Christentum nicht übersehen werden. Seine Ermordung im Konzentrationslager Flossenbürg am 9. April 1945 setzte mit seinem Leben auch seinen Gedanken, die so viele Menschen seither bewegten, das gewaltsame Ende. Wir wissen schlicht nicht, ob Bonhoeffer seiner Besinnung auf die *Sprache des Glaubens* noch eine Besinnung auf das *Leben des Glaubens* in einer »weltlichen Welt« hätte folgen lassen, wären ihm die Zeit und Kraft dazu vergönnt gewesen. Aus

98 Vgl. Carl Heinz Ratschow, Von der Religion in der Gegenwart (Kirche zwischen Planen und Hoffen 6), Kassel 1972, 33—52.

seinem Interesse am Leben in der Nachfolge Christi darf man es vermuten. Daß diese Gedanken dann in der Tat ganz anders und radikaler als jene in seinem Buch »Nachfolge« von 1937 ausgefallen wären, deutet er selbst in einem Brief vom 21. Juli 1944 an Bethge an (WE, 401). Dieses Buch gehört für ihn an das Ende eines Weges, auf dem er einmal ein Heiliger werden wollte. Nun aber ist ihm klar, daß Gott keinen Heiligen, sondern einen glaubenden Menschen in uns will. — Aber wo ist da der Unterschied? Heute wissen wir, daß Bonhoeffers Heiligenverständnis noch zu sehr von der alten Kontroverstheologie geprägt war und unter dem Eindruck der Auseinandersetzung Luthers mit dem Mönchtum und der Mönchsheiligkeit seiner Zeit entstanden ist, als daß ihm die Gleichung Glaubender = Heiliger ohne weiteres möglich gewesen wäre.

Aufs Ganze gesehen bleibt festzuhalten, daß Rahner bei aller Anerkennung der Notwendigkeit mündigen Christseins und bei aller Aufgeschlossenheit für ein weltliches Christsein im Sinne einer Weltfrömmigkeit bis hin zum anonymen Christentum die Sprache und das Leben des Glaubens — im Gegensatz zu Bonhoeffer — nur als religiöse verstehen kann. Ja, für Rahner ist und bleibt das Christentum bei aller notwendigen Veränderung im Inneren und Äußeren eine Religion.[99]

99 Zur Rehabilitierung des Religionsbegriffes in der evangelischen Theologie nach dem Zweiten Weltkrieg vgl. Wolf-Dieter Marsch (Hg.), Plädoyers in Sachen Religion. Christliche Religion zwischen Bestreitung und Verteidigung, Gütersloh 1973, bes. 17—36, 213—230. Von einem anderen Ansatz aus versucht

Nur als solche kann es in den gebotenen Dialog mit der entnuminisierten und hominisierten Welt eintreten, ja, ist es schon im Gespräch. Die »quaestiones disputatae«, insbesondere mit Vertretern verschiedener Atheismustheorien und Religionen, beweisen es.

Klaus Dirschauer gegen eine »religionslose Theologie« die christliche Religion bzw. Frömmigkeit als die ethisch-geschichtliche Antwort auf die nachsäkulare Religiosität zu beschreiben: Leben aus dem Tode. Grundlegung christlicher Frömmigkeit, München 1979, 81ff.

4. Konsequenzen und Aufgaben für die Frömmigkeitsforschung

Was tragen nun Bonhoeffers und Rahners Gedanken zum Christentum in einer mündigen Welt zur Methode einer Geschichte der christlichen Frömmigkeit bzw. zur Frömmigkeitsforschung überhaupt bei? Ich meine, dieses:

1. Wenn Bonhoeffers Hinweis auf das fortschreitende Autonom- bzw. Mündigwerden der Menschen im abendländischen Christentum seit dem 13. Jahrhundert bis zur Mitte des 20. Jahrhunderts zuträfe, so hieße das historisch: Die Kirche hat seit dem 13. Jahrhundert einen, wenn auch keineswegs freiwilligen, aber doch unaufhörlichen Rückgang aus dem Leben der Menschen angetreten. Parallel dazu oder auch als Folge davon läßt sich ein zunehmender Schwund der christlichen Frömmigkeit unter den Menschen feststellen. Die Basis für Bonhoeffers These, aus der man diese Schlußfolgerung ziehen müßte, ist Wilhelm Diltheys Studie »Weltanschauung und Analyse des Menschen seit Renaissance und Reformation«. Für eine so weitreichende Konsequenz, wie sie Bonhoeffer mit seiner Forderung eines religionslosen Christentums zieht, reicht diese Basis aber nicht aus. Der Rückgang des kirchlichen Lebens, wie immer man ihn quellenmäßig feststellen mag (z. B. durch Vergleich der Gottesdienstbesucher- oder der Beichtigerzahlen in verschiedenen Epochen; durch Vergleich der kirchli-

chen Sitte zu verschiedenen Zeiten usw.), verlief nämlich in der Geschichte der Kirche nie ausschließlich und überall auf gleiche Art, konstant vom Hoch zum Tief, ohne Unterbrechung. Gerade die seit dem 19. Jahrhundert wieder neu gewonnene Erkenntnis, daß auch die Geschichte der Kirche zu wesentlichen Teilen in Renaissancen und Reformationen verläuft, hätte Bonhoeffer vor dem Irrtum eines linearen Verlaufes des Autonomieprozesses des Menschen und des damit angeblich einhergehenden Bedeutungsverlustes der Kirche als Sinngeber des Lebens warnen müssen. Bonhoeffer übersah also, daß die Kirchengeschichte wie alle Geschichte nicht allein in Kontinuität, sondern auch in Krisen und Neuaufbrüchen verläuft.[100] Im übrigen ist Bonhoeffers Begriff vom »mündigen Christsein« in Analogie zur Autonomie des abendländischen Menschen unpräzise. Denn diese Autonomie ließ im Verlaufe ihrer Geschichte immer wieder auch und zugleich die Anerkennung Gottes als der alle Wirklichkeit bestimmenden Macht zu. Hier wäre etwa an den Gottesglauben der großen, zur Autonomie der Menschheit sicher viel beitragenden Mathematiker und Astronomen wie z. B. Copernicus, Galilei, Kepler oder Newton, oder an den Gottesglauben mo-

100 Vgl. Bernd Jaspert, »Krise« als kirchengeschichtliche Kategorie, in: Bernd Jaspert — Rudolf Mohr (Hg.), Traditio - Krisis - Renovatio aus theologischer Sicht. Festschrift Winfried Zeller zum 65. Geburtstag, Marburg 1976, 24—40. Bonhoeffers Hinweis auf den Autonomieprozeß seit dem 13. Jahrhundert: WE, 257, 356, 392—394.

derner Physiker wie z.B. Max Planck, Werner Heisenberg, Pascual Jordan oder Carl Friedrich von Weizsäcker zu denken.

2. Bonhoeffers Forderung einer nicht-religiösen Interpretation der biblischen Botschaft[101] hat zur Voraussetzung, daß diese früher religiös und d.h. nichtweltlich formuliert und weitergegeben wurde. Bonhoeffer übersieht hier jedoch, daß der Mensch im christlichen Abendland »weltlich« und »religiös« bis zur Neuzeit nicht getrennt und folglich auch nicht als zwei verschiedene Verstehens- und Lebensweisen begriffen hat. Das gilt gerade für die Leidenstheologie des Mittelalters[102], die — wie oben gezeigt (vgl. Seite 90f.) — eine erstaunliche Parallele in Bonhoeffers Leidenstheologie in den letzten Briefen seines Lebens hat. Die Frage »Cur deus homo?« eines Anselm von Canterbury[103] wird im gesamten Mittelalter gestellt. Und die Antwort lautet, bei allen Nuancen verschiedener theologischer Denker und Schulen, durchweg: »Weil das ‚debitum' des Menschen so groß ist, ist seine Sünde derart schwer, daß allein der Gott-Mensch den Zwiespalt zwischen Sollen und Können und das durch die Sünde gestörte Gleichgewicht wiederherzu-

101 Vgl. dazu Gerhard Ebeling, Die »nicht-religiöse Interpretation biblischer Begriffe«, in: ders., Wort und Glaube I, Tübingen ³1967, 90—160.

102 Vgl. Alfons Auer, Leidenstheologie des Mittelalters, Salzburg 1947; Albert Auer, Leidenstheologie im Spätmittelalter (KGQS 2), St. Ottilien 1952.

103 München ³1970.

stellen vermag.«[104] Das geschah in der Passion Jesu. In ihr wurde die humanitas dei (Bernhard von Clairvaux) am augenfälligsten. Sie ist die misericordia, die die miseria des Menschen überwindet — am Kreuz.[105] Bonhoeffer geht also, wenn er sich mit seiner »nichtreligiösen Interpretation biblischer Begriffe« bewußt vom Mittelalter absetzen will, von einem Mißverständnis der mittelalterlichen Theologie aus. Sie konnte ebenso wie er von dem in Christus am Kreuz leidenden und ohnmächtigen Gott reden, gerade in ihren verschiedenen mystischen Traditionen. Die spezifisch »religiöse« Redeweise gibt es erst, seitdem es eine »weltliche« Sprache gibt. Die Trennung in »religiös« bzw. »göttlich« auf der einen und »weltlich« bzw. »menschlich« auf der anderen Seite ist — das hat Bonhoeffer verkannt — geistesgeschichtlich erst durch die lutherische Zwei-Reiche-Lehre möglich geworden und somit eine Folgeerscheinung der lutherischen Reformation.[106] Das Auseinanderklaffen von Theologie und

104 Winfried Zeller, Zum Christusverständnis im Mittelalter, in: ders., Theologie und Frömmigkeit I (o. Anm. 38), 12.

105 Zu Bernhards Christologie, die jener Bonhoeffers am Ende von WE in vielem ähnlich ist, vgl. Zeller, Christusverständnis, 12—17.

106 Auch wenn der Terminus »Zwei-Reiche-Lehre« erst zwischen 1922 und 1938 aufkam, so ist doch nicht zu bestreiten, daß die damit ausgedrückte Sache in der lutherischen Reformation ihren Sitz im Leben hat und seither in der evangelischen Theologie immer wieder zur Geltung gebracht wurde. Vgl. Gerhard Müller, Luthers Zwei-Reiche-Lehre in der deutschen Reformation, in: Otto Kaiser (Hg.), Denkender Glaube. Festschrift Carl Heinz Ratschow zur Vollendung seines 65. Lebensjahres am 22. Juli 1976 gewidmet von Kollegen, Schülern und Freunden,

Frömmigkeit im letzten Drittel des 16. Jahrhunderts[107] ist ein Riß mitten durch das Christentum: Glauben und Leben, Denken und Handeln geschehen in verschiedenen Welten, einer »sakral-religiösen«, auf die Kirche bezogenen, und einer »profanen«, auf das Leben in der Welt außerhalb der Kirche, in der sogenannten Öffentlichkeit wie Stand, Beruf, Dorf, Stadt, Staat usw. beschränkten.

3. Aus dieser Kritik an Bonhoeffers geschichtlicher Begründung seiner Forderung nach einer neuen Sprache des Glaubens ergibt sich, daß die Besinnung auf die Geschichte des Christentums unerläßlich ist für ein angemessenes Verstehen seiner Position in der Gegenwart im Zusammenhang der vielen anderen, die Gegenwart mitbestimmenden geschichtlichen Kräfte. Zugleich ist eine derartige historische Besinnung notwendig zur Orientierung des Christentums in die Zukunft, da aus seiner geschichtlich-eschatologischen Existenz der Blick des Christen in der Gegenwart immer in zwei Richtungen gehen muß — zurück und

Berlin - New York 1976, 49—69; Wolfhart Pannenberg, Luthers Lehre von den zwei Reichen, in: ders., Ethik und Ekklesiologie. Gesammelte Aufsätze, Göttingen 1977, 97—114. Zur neueren Diskussion vgl. Kurt Nowak, Zweireichelehre. Anmerkungen zum Entstehungsprozeß einer umstrittenen Begriffsprägung und kontroversen Lehre, ZThK 78 (1981) 105—127; Martin Honecker, Zur gegenwärtigen Interpretation der Zweireichelehre, ZKG 89 (1978) 150—162; ders., Thesen zur Aporie der Zweireichelehre, ZThK 78 (1981) 128—140 (jeweils mit früherer Literatur).

107 Eine Entdeckung Winfried Zellers. Vgl. dazu Jaspert, »Krise« als kirchengeschichtliche Kategorie (o. Anm. 100).

nach vorne. Das Christentum hat als Kirche immer aus dieser zweifachen Orientierung gelebt. Daher ist seine vergangene Zukunftsorientierung historisch einzubringen in seine Gegenwartsbesinnung im Blick auf die Zukunft.

4. Anders als Bonhoeffer blickt Rahner über das Christentum hinaus. Rahner erinnert uns angesichts der Geschichte der christlichen Frömmigkeit daran, daß es nie nur Christen auf der Welt gab, sondern immer auch Menschen anderer religiöser Überzeugungen und Weltanschauungen. Allerdings tritt das erst jetzt voll ins Bewußtsein christlicher Theologen.[108] Rahner erinnert uns außerdem daran, daß die in den christlichen Ländern entstandene Säkularisierung heute in der ganzen Welt anzutreffen ist und folglich alle Religionen vor denselben Problemen der Sagbarkeit und Begreiflichkeit Gottes oder der Götter, des Unendlichen, des Unermeßlichen, des Numinosen inmitten einer vom Endlichen und Meßbaren lebenden Zivilisation stehen. Die Sinn- und Wertfragen stellen die Menschen heute in aller Welt. Die Welt ist zur Ökumene geworden, in der das Christentum nur ein Teil der Pluralität aller ist. Es war nie anders, nur die Theologen sahen es oft anders. Der Interpretationsmaßstab hat sich verändert, die Welt ist dieselbe geblieben. Der

108 Vgl. Paul F. Knitter, Christianity and the World Religions: A New Era of Encounter and Growth, in: Jaspert - Mohr, Traditio (o. Anm. 100), 501—512; ders., No Other Name? A Critical Survey of Christian Attitudes Toward the World Religions (American Society of Missiology Ser. 7), Maryknoll 1985.

Absolutheitsanspruch des Christentums ist passé, oder besser gesagt: Der Traum von der Erfüllung dieses Absolutheitsanspruches, der mit dem Hinweis auf Mt 28,18—20 exegetisch ohnehin auf wackeligen Füßen stand, ist ein für allemal ausgeträumt. Anspruch und Wirklichkeit des Christentums wurden in zweitausendjähriger Geschichte nicht zur Deckung gebracht, so daß sich die Welt einem solchen Anspruch, wo er absolut gestellt wird, nicht mehr zu beugen bereit ist und sich distanziert. Missionierungs- und Implantationsbemühungen sind vielerorts gescheitert, und zwar vom Beginn der Kirchengeschichte an. Der Dialog des Christentums mit der terrestrischen Vielfalt der Glaubensweisen hat begonnen. Die christliche Frömmigkeit ist — nun endlich von den Christen selbst eingestanden — nur eine unter vielen Frömmigkeiten in der Welt. Jetzt erst beginnen die Theologen zu begreifen, was immer schon so war!

5. Die Konsequenzen und Aufgaben, die sich aus Bonhoeffers und Rahners Einsichten in Wesen und Möglichkeiten des Christentums für die Frömmigkeitsforschung ergeben, sind nun klar. *Frömmigkeitsforschung hat heute weltoffen und ökumenisch zu sein.* Nur so werden Ursprung, Wesen und Geschichte der christlichen Frömmigkeit in ihrem Kontext mit der nichtchristlichen Welt sachgerecht eingeschätzt. *Frömmigkeitsforschung kennt keinen Methodenmonismus, sie kann auf verschiedene Weise betrieben werden.* Im Koordinatenkreuz von Weltoffenheit und Ökumene gibt es — wie am Beispiel Bonhoeffers und

Rahners zu lernen ist — immer mehrere Blickwinkel, aus denen Frömmigkeit betrachtet und erforscht werden kann. Wo aber einer dieser Blickwinkel absolut gesetzt und nur eine bestimmte Methode als die allein gültige propagiert wird, da ist die kirchengeschichtliche Darstellung (so wie jede andere Art von Darstellung) der Frömmigkeit, bevor sie überhaupt begonnen wurde, schon gescheitert. Denn die Kirchengeschichte ist, wie Winfried Zeller zurecht mit Nachdruck gegenüber einem spiritualistischen Geschichtsverständnis betont hat, »zu keiner Zeit dem theologischen Bewußtsein und Verständnis ganz zugänglich, sondern erschließt sich uns immer nur ,in Auswahl'«.[109] Eine absolut gültige, in ihrem Ansatz, ihrer Durchführung und ihrer Konsequenz für den Leser überzeugende, weil in sich lückenlose und logische Frömmigkeitsgeschichte gibt es also nicht. Denn kein Mensch überschaut jemals die Geschichte ganz, auch nicht die Geschichte der Frömmigkeit. Das kann nur Gott. Und doch darf der Frömmigkeitsforscher als Kirchenhistoriker die »historische Universalität« einerseits und die »geschichtliche Originalität« andererseits nicht aus den Augen verlieren. Denn sie »sind die beiden Pole, auf die alle kirchengeschichtliche Arbeit ausgerichtet sein muß«.[110] Die Richtung ist also klar. Den Weg, der

109 Kirchengeschichte als theologisches Problem, in: ders., Theologie und Frömmigkeit I (o. Anm. 38), 8.

110 A.a.O., 7. Die von Erich Seeberg 1938 umrissene Aufgabe einer »Geschichte der deutschen Frömmigkeit«, die »in zusammenwirkender Arbeit« innerhalb von »sechs Jahren fertig werden« könnte (!), ist leider derart vom nationalsozialistischen

zum Ziel führt, gehen wir nicht allein. Als peregrini in communione sanctorum und folglich als Gottes Kinder mitten in der Geschichte und nicht als die Götter über der Geschichte wandern wir zum Ziel.

Volks-, Religions- und Geschichtsverständnis bestimmt, daß Seeberg seinen 8-Themen-Katalog für eine solche Geschichte selbst wissenschaftlich diskreditiert. Er kann für unsere methodischen Überlegungen daher außer Betracht bleiben. Vgl. Erich Seeberg, Die Umwandlung der deutschen Universitäten (1938), in: ders., Menschwerdung und Geschichte. Aufsätze, Stuttgart o.J., 259f. Auch die Überlegungen von Egon W. Gerdes, Spirituality, Way and Method. On Living in the Spirit and Thinking with the Spirit, in: Lorenz Hein (Hg.), Die Einheit der Kirche. Dimensionen ihrer Heiligkeit, Katholizität und Apostolizität. Festgabe Peter Meinhold zum 70. Geburtstag (VIEG 85), Wiesbaden 1977, 202—219, tragen entgegen dem Titel des Aufsatzes nichts bei zur Methodenfrage.

5. Zur Methode einer Geschichte der christlichen Frömmigkeit

Unter der eben genannten Voraussetzung hat der Frömmigkeitshistoriker, wo immer er auch theologisch gerade stehen mag, für seine Methode einer Darstellung der Geschichte der christlichen Frömmigkeit folgendes zu beachten:

1. Als ein geschichtliches Phänomen, das es zu allen Zeiten der Kirchengeschichte gibt, ist die christliche Frömmigkeit in ihren verschiedenen Ausprägungen geschichtlich darzustellen, d.h. sie ist zu interpretieren im Zusammenhang ihrer jeweiligen Vergangenheit, Gegenwart und Zukunft als Ausdruck geistlicher Bewegung in der Zeit.

2. Als ein geschichtliches Phänomen ist die christliche Frömmigkeit nicht auf den Raum der Kirche beschränkt. Zu allen Zeiten der Kirchengeschichte steht sie in mannigfacher Beziehung zu Personen, Ideen, Religionen und Institutionen außerhalb der Kirche. Sie ist daher als ein die Kirchenmauern sprengendes und die Kirchengrenzen überwindendes Movens des Christentums zu interpretieren. Sie ist mithin auch als die sichtbare Kundgabe christlicher Überzeugungen gegenüber anderen religiösen und weltanschaulichen Meinungen und Taten zu verstehen, und zwar partikular und universal im Dialog, in der Mission und im Religionskampf.

3. Da die christliche Frömmigkeit die Menschheitsgeschichte seit zweitausend Jahren auf vielfache Art und Weise mitgeprägt hat und umgekehrt die Menschheit die christliche Frömmigkeitsgeschichte, so ist ein zutreffendes Bild der Frömmigkeitsgeschichte nicht allein aus den Zeugnissen der Frömmigkeit selbst zu gewinnen. Die Dokumente der nicht-religiösen oder anders-religiösen Interpretation des Lebens und der Welt, des Sterbens und der Transzendenz sind unbedingt als das Gegenüber zu berücksichtigen, auf das die Frömmigkeit eingewirkt oder reagiert hat, bzw. das seinerseits auf die christliche Frömmigkeit Einfluß gehabt hat. Ein geschichtliches Verstehen der christlichen Frömmigkeit muß somit in zwei Dimensionen erfolgen: einmal in der Betrachtung der Frömmigkeit als binnenkirchlicher Erscheinung, zum andern als eines ökumenischen Phänomens, das die Kirchen- und Christentumsgeschichte zur ganzen Welt, zur Ökumene hin öffnet.

4. Daraus ergibt sich als hermeneutisches Problem: Wie können wir als Christen am Ende des 20. Jahrhunderts die Geschichte der christlichen Frömmigkeit verstehen — als ein christliches oder als ein weltliches Phänomen? Müssen wir die Frömmigkeit in der Geschichte der Kirche christlich im Sinne des Missionsauftrages von Mt 28, 18—20 oder weltlich im Sinne von Bonhoeffers Begriff der »mündigen Welt« und des damit korrespondierenden »mündigen Christseins« verstehen? Aufgrund unserer systematischen Überlegungen im Zusammenhang der theologischen Gedan-

ken Bonhoeffers und Rahners zur Frömmigkeit kann die Antwort nur lauten: Die Frömmigkeit ist weltlich und christlich zugleich; wir müssen sie als beides verstehen. Weltlich und christlich sind aber keine Gegensätze. Denn Immanenz und Transzendenz, Gesetz und Evangelium, Glauben und Handeln, Welt und Gott gibt es für den Christ nur als untrennbare Einheit. Seitdem das Wort Fleisch geworden (Joh 1,14), das Licht in die Welt gekommen (Joh 1,4—9), Gott Mensch geworden ist wie wir, gibt es keinen Grund mehr, bestimmte Bezirke dieser Welt als sakrale auszugrenzen. Die Welt verstehen, heißt für den Christ, sie sub conditione dei als Gottes Welt verstehen und seine Herrlichkeit als die Herrlichkeit »des eingeborenen Sohnes vom Vater« (Joh 1,14) mitten in der Welt, weltlich verstehen. Christliche Frömmigkeit kann also überall in der Welt gelebt werden. Bestimmte Räume und Zeiten werden ihr nicht zugesichert. Sie wird vielmehr genau wie der Herr der Welt, der auch ihr Herr ist, überall auf Unverständnis, Ablehnung, Widerstand, Gegnerschaft, Kampf und Unterdrückung stoßen. So wenig wie Christus davon verschont bleibt, wird auch die Frömmigkeit, die aus ihm lebt, ihn sucht und sich nach ihm richtet, davon verschont. Weltlich begriffen werden müssen die Frömmigkeit und ihre Geschichte aber auch, weil Gott die Welt in Christus mit sich selbst versöhnt hat (Röm 5,10; 2 Kor 5,19f.; Eph 2,14—16.19f.; Kol 1,19f.) und liebt (Joh 3,16; 15,9; Eph 2,4; 5,1f.; 2 Thess 2,16; 1 Joh 4,8—18; Apk 1,5). Weltliches und christliches Verstehen werden in diesem Sinne identisch. Also kann und muß die Geschichte der christlichen Frömmigkeit als eine menschliche Geschichte verstanden werden. Als solche kann sie jeder Mensch verstehen, vorausgesetzt, er bemüht sich darum und bringt das nötige hermeneutische Handwerkszeug dazu mit.

5. Das hermeneutische Handwerkszeug besteht auch in diesem Fall wie bei jedem historischen Verstehensprozeß in: Wißbegierde, Offenheit, Fragen, Geduld, Zuneigung, Aneignung, Kombinationsfähigkeit, Wertschätzung des Objekts, Selbstachtung, kritischer Urteilskraft, Nächstenliebe. Wer das alles mitbringt in die Begegnung mit der Vergangenheit, der ist fähig zur Horizontverschmelzung vom Heute zum Damals und wieder zurück zum Heute.[111]

6. Als Terminus für den gelebten Glauben ist Frömmigkeit ein Ganzheitsbegriff. Das schließt durchaus ein, daß die Frömmigkeit gerade an Teilaspekten des christlichen Lebens besonders gut sichtbar wird, z. B. im Gebet, im Sichbekreuzigen wie überhaupt in allen Symbolen, in der Teilnahme am Sakrament, an Prozessionen, im Lesen der Bibel, im Singen von Glaubensliedern, im Besuchen von Kranken, im Beistand für Sterbende usw. Daraus ergibt sich: Die Geschichte der christlichen Frömmigkeit kann nie komplett dargestellt werden. Es bleibt immer ein Rest im Verborgenen, nicht nur in dem, das der einzelne Forscher nicht

[111] Zum Begriff Horizontverschmelzung vgl. Hans-Georg Gadamer, Wahrheit und Methode. Grundzüge einer philosophischen Hermeneutik, Tübingen ^{4}1975, 289f., 356f., 375.

entdecken kann mangels einer umfassenderen Kenntnis, sondern grundsätzlich, auch wenn noch so viele Forscher mit noch so vielen und raffinierten Methoden versuchten, in dieses Verborgene zu schauen. Viele Menschen nehmen ihre Frömmigkeit mit ins Grab, ohne daß je ein Historiker von ihr Kenntnis erhielte. Aber auch der Umfang aller vorhandenen Frömmigkeitsdokumente, der geschriebenen wie der künstlerisch auf irgendeine Art gestalteten und der mündlich überlieferten, ist so groß, daß es weder einem einzelnen noch einem Team jemals gelingen wird, *die* Geschichte der christlichen Frömmigkeit zu schreiben. Mit Josef Sudbrack bin ich der Meinung, daß sich eine Geschichte der Spiritualität »dem Fragmentarischen, dem stets neuen Einsatz Gottes, dem niemals auszuschöpfenden Charisma, dem einzelnen in seiner nicht zu reflektierenden Einmaligkeit widmen« muß. Sie kann also, um es mit einem Wort Hans Urs von Balthasars zu sagen, das Ganze nur im Fragment bieten. »Die Fülle der Gestalten und gerade die Lücken in ihrer Darstellung und zwischen ihnen zwingen zur Lebendigkeit, zerschneiden den roten Faden, den man so gerne durch die Geschichte spinnt, und geben den Blick frei für das ‚Konkrete', für die göttliche Freiheit in der Führung des Christentums.« Aber nicht nur »eine Theologiegeschichte darf Ideen und großen Zusammenhängen nachgehen«.[112] Das muß auch eine Frömmigkeitsgeschichte tun. Denn sonst besteht die

112 Josef Sudbrack, »Ein lebendiges Buch ist das Leben der Guten!«, in: Große Gestalten (o. Anm. 59), 13.

Gefahr, daß ihre einzelnen Fragmente schon für das Ganze gehalten werden. So gewiß es dem Historiker immer wieder so vorkommen muß, als ob die Ereignisse und Gestalten der Frömmigkeit in ihrer historischen Eigenart und Unverfügbarkeit den roten Faden durch die Geschichte immer wieder zerschneiden, so gewiß ist es aber auch, daß diese Ereignisse und Gestalten als historische in einer geschichtlichen Kontinuität stehen. Mag der Historiker die Verbindungslinien, den roten Faden dieser Kontinuität aus mangelhafter Quellenlage oder eigener Indisposition heraus nicht in jedem Falle erkennen können, so hat er doch grundsätzlich die Aufgabe, Geschichte als Kontinuum und nicht als einen Fleckenteppich voneinander isolierter Gestalten und Ereignisse zu begreifen. Daß historisches Geschehen und historische Wirkung sich uns immer nur im Fragment zeigen, ist jedem Einsichtigen klar. Diese Tatsache entbindet den Historiker aber nicht von seiner Pflicht, die Wege zu suchen und zu beschreiben, auf denen solches Geschehen und solche Wirkung zur Gegenwart kommen. Denn auch wenn es immer nur Teile, Aspekte, Variationen sind, die uns aus der Frömmigkeitsgeschichte begegnen, sie stammen aus der Tradition einer Frömmigkeit, die zu ihrer Zeit als etwas Ganzes gelebt wurde. In diesem Sinne also bringt auch die umfassendste Darstellung der christlichen Frömmigkeitsgeschichte das Ganze immer nur im Fragment.

7. Die Beschränkung, die sich aus dieser Einsicht ergibt, erfordert ein komplementäres Verfahren zur

Darstellung der Geschichte der christlichen Frömmigkeit. Auf diese Weise werden die frömmigkeitsgeschichtlichen Phänomene verschiedener Kirchen, Gruppen und Bewegungen nicht isoliert behandelt. So können sie z.B. nach inhaltlich-theologischen Gesichtspunkten (Sakramentsfrömmigkeit, Christusfrömmigkeit, Gebetsfrömmigkeit usw.) oder mehr nach formal-phänomenologischen Aspekten (Mönchsfrömmigkeit, Priesterfrömmigkeit, Laienfrömmigkeit, Volksfrömmigkeit, Adelsfrömmigkeit usw.) aufeinander bezogen werden, wo immer es geschichtlich zulässig ist. Was für das Verhältnis von Frömmigkeit und Geschichte gilt, daß die eine nicht ohne die andere zu verstehen ist, das gilt auch innerhalb der Frömmigkeitsgeschichte selbst: Erscheinungen, Entwicklungen, Ideen, Bewegungen, Gestalten, Gruppen, Mentalitäten an einem Ort sind nur zu verstehen im Blick auf sein Umland und umgekehrt. Die Frömmigkeitsgeschichte ist als eine Geschichte von immer neuen Korrelationen und Komplementaritäten korrelativ und komplementär darzustellen. Nur so bleibt diese Geschichte auch in ihrer historischen Nacherzählung unter dem Horizont der geschichtlichen Dialektik zwischen Kirche und Welt.

8. Von hier aus wäre nun das Material einer solchen Frömmigkeitsgeschichte, möglichst periodisch und geographisch gegliedert, im einzelnen zu benennen. Aber einmal abgesehen davon, daß eine derartige Aufzählung dem Umfang nach — alleine schon, was die vielen Namen und Sachen der Frömmigkeit durch

die Jahrhunderte betrifft — an dieser Stelle unmöglich ist, so ist eine solche Aufreihung hier auch nicht nötig. Denn nimmt man den oben versuchten hermeneutischen Ansatz ernst, so ist ja durchaus klar, worum es sich beim Projekt Frömmigkeitsgeschichte inhaltlich handeln muß: um den gelebten Glauben, wie er sich zu unterschiedlichen Zeiten, an verschiedenen Orten, in verschiedenen Kirchen und christlichen Gruppen und Einzelgängern vom Neuen Testament bis zur Gegenwart dokumentarisch zeigt. Seine schriftlichen, bildlichen, baulichen und musikalischen Zeugnisse ebenso wie seine mündliche Tradition sind das Material für eine Darstellung der christlichen Frömmigkeitsgeschichte.

6. Schluß

Wer ein so umfangreiches Unternehmen wie die Darstellung der christlichen Frömmigkeitsgeschichte heute wagt, muß auswählen. Das Kriterium der Auswahl hat die Frage der Wahrheit zu sein. Und an diesem Punkt verliert »die Theologie alle Harmlosigkeit«, wie es der trotz seiner Theologie in der Frömmigkeitsgeschichte so kundige Karl Barth ausdrückt. Hier geht es nämlich um die doppelte Frage: »1. was willst *du* nun sagen als Theologe, nicht als historischer Kenner der Bibel, der Reformation, der Neuzeit, nicht referierend, nicht als kluger Beschauer der Religion, des Christentums, der Konfession Anderer, sondern unter Inanspruchnahme deiner eigenen Existenz, auf deine eigene Gefahr und Verantwortung gegenüber der Sache und gegenüber deinen Hörern, nun gerade du? und 2. *was* willst du sagen als Theologe? Nicht: wie verständlich, wie einleuchtend, wie geschickt angepaßt auf deine Hörer ..., sondern: wie steht es um das große Irgendetwas, das du geschickt oder ungeschickt, verständlich oder unverständlich zu sagen hast? Gib Rechenschaft von diesem angeblich so Bekannten, Greifbaren und Verfügbaren! Diese doppelte Frage ist eben die Wahrheitsfrage, die Inhaltsfrage, die Frage nach der Rechtmäßigkeit dessen, was christlich gesagt wird. Sie holt mit einem Schlag den theologischen Historiker herunter von seiner Warte und den theologischen Praktiker heraus aus seinem Betrieb und fordert von beiden Besinnung« auf die Wahrheit des christlichen Redens von Gott und den Menschen. »Die außerordentliche Mühe« dieser Besinnung nimmt nach Barth der Dogmatiker »in der Mitte der Theologie, der Dogmatik«, auf sich. Und im Erschrecken vor der prinzipiellen Bedenklichkeit dieser Aufgabe kommt zutage, daß »wir als Kinder unseres Zeitalters ohnehin schlecht gerüstet an sie herantreten müssen«.[113]

Aber nicht allein für den Dogmatiker am Anfang unseres Jahrhunderts, das gilt auch und erst recht für den Kirchenhistoriker am Ende unseres Saeculums. Trotzdem darf er gelassen, kritisch und zuversichtlich an die Arbeit gehen. Denn sie garantiert ihm bei entsprechendem Engagement und der gebotenen methodischen Sorgfalt nichts weniger als die Entdeckung der *Dialektik des Heiligen und Profanen.*[114] Jedes Hochgefühl, das ihn auf solcher Entdeckungsreise überkommen sollte, wird allerdings bald gedämpft, und jede Niedergeschlagenheit, die ihn auf dieser Expedition

113 Barth, Christl. Dogmatik (o. Anm. 13), 22—24.

114 Vgl. Mircea Eliade, Das Heilige und das Profane. Vom Wesen des Religiösen, Frankfurt a.M. 1984; Rubem Alves, Was ist Religion?, Zürich 1985.

überfallen sollte, wird wieder aufgehoben, wenn der Kirchenhistoriker seine bisherige Erfahrung als Theologe und Wissenschaftler nicht vergißt. Denn wer wüßte besser als er, der in die große, unausschöpfliche, unsagbare, über die Höhen unseres menschlichen Verstandes hinausgehende und in die Tiefen unserer menschlichen Existenz hineingehende Geschichte Gottes mit den Menschen geblickt hat, daß vor Gott »unser Tun« und folglich auch unsere Frömmigkeit »umsonst« ist, »auch in dem besten Leben«! Wer wüßte besser als der Kirchenhistoriker, daß also auch das coram deo geführte fromme Leben unter dem Gericht seiner Gnade steht, oder wie Luther sagt: »Bei dir gilt nichts denn Gnad und Gunst, die Sünde zu vergeben« — auch die Sünde unserer Frömmigkeit, wo sie letztlich doch (was uns aber zu beurteilen nicht zusteht, weil wir es nicht können) Menschen- und nicht Gotteswerk ist! »Ob bei uns ist der Sünden viel, bei Gott ist viel mehr Gnade« — gerade deshalb dürfen wir die Wahrheit, die in der Frömmigkeit ans Licht kommt und um die es in der Frömmigkeitsforschung als einer Aufgabe der Kirchengeschichte geht, mit Martin Luther beim Namen nennen und sie als die Güte der unverdienten Gnade Gottes bezeichnen. Wo der Mensch aus dieser Güte lebt, da ist er fromm. Und wo solches fromme Leben als das Leben aus dem Glauben seinen Inhalt und seine Gestalt in Raum und Zeit hat, wo es also sichtbar und hörbar wird, geht es ein in die Geschichte der Frömmigkeit. Sie aber ist über all die Jahrhunderte hinweg nichts anderes als jenes für den Historiker zwar vernehmbare und darzustellende, aber nie von ihm zu richtende Glaubenszeugnis, das Luther in die Worte faßte:

»Darum auf Gott will hoffen ich,
auf mein Verdienst nicht bauen;
auf ihn mein Herz soll lassen sich
und seiner Güte trauen,
die mir zusagt sein wertes Wort;
das ist mein Trost und treuer Hort,
des will ich allzeit harren.«[115]

115 Martin Luther, Aus tiefer Not schrei ich zu dir (EKG 195, 3).

Register
